FACULTÉ DE DROIT DE L'UNIVERSITÉ DE BORDEAUX

DES

AGENTS DE CHANGE

LEUR RÔLE ÉCONOMIQUE — LEURS RESPONSABILITÉS

THÈSE POUR LE DOCTORAT

Soutenue devant la Faculté de Droit de Bordeaux, le 17 Novembre 1900, à 2 h. 1/2 du soir

PAR

Paul TANDONNET

BORDEAUX
IMPRIMERIE Y. CADORET
17 — RUE POQUELIN-MOLIÈRE — 17
(ANCIENNE RUE MONTMÉJAN)

1900

FACULTÉ DE DROIT DE L'UNIVERSITÉ DE BORDEAUX

DES

AGENTS DE CHANGE

LEUR RÔLE ÉCONOMIQUE — LEURS RESPONSABILITÉS

THÈSE POUR LE DOCTORAT

Soutenue devant la Faculté de Droit de Bordeaux, le 17 Novembre 1900, à 2 h. 1/2 du soir

PAR

Paul TANDONNET

BORDEAUX

IMPRIMERIE Y. CADORET

17 — RUE POQUELIN-MOLIÈRE — 17

(ANCIENNE RUE MONTMÉJAN)

1900

FACULTÉ DE DROIT DE L'UNIVERSITÉ DE BORDEAUX

COMMISSION DE LA THÈSE

DES

AGENTS DE CHANGE

LEUR RÔLE ÉCONOMIQUE. LEURS RESPONSABILITÉS

INTRODUCTION

Que fut dans notre pays la corporation des agents de change, par quelles transformations à travers les siècles est-elle devenue ce qu'elle est aujourd'hui, telle qu'elle est enfin, avec le développement commercial, industriel et financier de notre fin de XIXe siècle, est-elle encore à même de rendre des services ; faut-il, au contraire, la ranger dans les institutions surannées du passé en proclamant la nécessité du marché libre, malgré ses dangers et ses défauts ? — Telles sont les questions que nous examinerons dans la première partie de cette étude.

Les obligations et les prohibitions si sévères imposées aux agents de change soit par les lois, soit par leur chambre syndicale elle-même, obligations et prohibitions si utiles à nos yeux pour la défense des droits des tiers et si indispensables pour assurer la régularité des transactions en bourse, loin d'entraver les transactions nous semblent au contraire leur donner avec la sécurité une ampleur qu'elles ne pourraient avoir sans elles. Ceci n'est pas un paradoxe, mais bien l'exacte observation de faits dont la coulisse pourrait un jour, non lointain peut-être, faire la pénible expérience. L'honnêteté est indubitablement une vertu, peut-être est-elle un art. Le public trompé par ses mandataires hésitera souvent à s'adresser à la justice, et à demander réparation d'un préjudice qu'il sent plutôt qu'il ne peut prouver, mais son abstention sera significative.

Nous nous sommes étendu longuement sur l'admission des valeurs à la cote officielle et sur les pouvoirs très importants de la chambre syndicale des agents de change sur ce point ; sa responsabilité entendue dans des limites raisonnables nous semble porter en elle-même la sauvegarde de notre marché financier.

Admettre comme le fait le comité de la coulisse sans contrôle sérieux, un peu indistinctement toutes les valeurs qui sollicitent l'admission, en déclinant par avance toute responsabilité, n'est-ce pas s'exposer à voir le public frapper de suspicion toutes les valeurs se négociant sur le marché en banque, et, ce qui est regrettable, les excellentes valeurs elles-mêmes ?

Nous avons cherché à défendre la Compagnie des agents de change des reproches à elle adressés, à montrer que la réorganisation récente du marché financier par les décrets du 29 juin 1898 n'est pas un obstacle au développement économique et financier de notre pays, qu'elle n'est nullement inférieure à l'organisation des marchés étrangers, et tout particulièrement à celles de Londres, de New-York et de Berlin.

Si, comme tous les monopoles, celui des agents de change peut présenter certains inconvénients inhérents à tout monopole, il trouve sa justification même dans les services qu'il rend au public, dans les protections toutes spéciales qu'il lui offre. A ce propos, la solidarité établie entre les membres de la compagnie des agents de change de Paris par les décrets de 1898, semble avoir eu une influence des plus salutaires dont les effets se sont déjà fait sentir et ne peuvent manquer de donner au marché de Paris une solidité qu'il n'avait jamais eue. Il est seulement regrettable qu'une loi n'ait déjà confirmé les décrets de juin 1898.

Le monopole des agents de change serait trop absolu, s'il ne laissait à la coulisse la place à laquelle elle a droit ; son utilité n'est pas contestable, le monopole des agents de change détermine simplement la zone qu'elle ne peut franchir.

L'examen de l'organisation des bourses étrangères, notamment du Stock-Exchange de Londres, nous a paru indispensable pour mieux faire ressortir les avantages de notre marché monopolisé et les dangers d'un marché libre se réglementant lui-même.

L'étude du marché de Berlin et de la loi restrictive de 1896 sur les opérations à terme, loin d'être en dehors de notre sujet, nous a semblé y avoir sa place.

Chercher à enrayer la spéculation en enserrant le marché à terme dans une réglementation draconienne n'est-ce pas aller contre le progrès même? Ne vaut-il pas mieux en pallier les inconvénients et l'entourer de toutes les garanties nécessaires, au lieu de risquer de détruire la spéculation elle-même et les affaires dont elle est la créatrice ?

A nos yeux donc la Compagnie des agents de change est à même de remplir son rôle économique.

Et si elle présente des garanties très sérieuses de solvabilité, de moralité, des lois, décrets et règlements particuliers des Compagnies ont, de plus, organisé d'une façon très sévère la responsabilité individuelle de chaque agent de change dans l'exercice de ses délicates fonctions. L'Etat est intervenu, et il devait intervenir.

C'est l'étude sommaire de ces responsabilités qui remplira la deuxième partie de ce travail : responsabilités parfois considérables et très minutieuses.

Mais de leur étude ressortira la confirmation de la conclusion prise par nous dans la première partie de cette thèse ; à savoir que le maintien du monopole des agents de change présente au public les garanties les plus sérieuses et que s'il n'est pas contraire au développement économique, il est surtout indispensable à la défense de l'épargne et de la propriété individuelle.

———

Si en écrivant ces pages nous avons eu surtout en vue la compagnie des agents de change de Paris, les règles par nous exposées s'appliquent également aux agents de change de province.

Dans les villes pourvues de parquets, les règlements des chambres syndicales peuvent seulement différer sur quelques points particuliers.

Un chapitre spécial est d'ailleurs consacré par nous aux Bourses de valeurs mobilières de province, nous en montrons l'utilité et les réformes qui semblent nécessaires pour redonner à ces marchés une vie absente.

NOTIONS HISTORIQUES

I

DES FONCTIONS SUCCESSIVES DES AGENTS DE CHANGE. — LEUR MONOPOLE

Aux temps les plus éloignés, quand les trocs et les échanges sont devenus nombreux entre les individus et les peuples, la nécessité d'intermédiaires pour ces opérations s'est fait sentir. Aussi retrouvons-nous dans l'antiquité, avec des attributions diverses, les ancêtres de nos agents de change et de nos courtiers modernes : à Athènes, avec les τραπεζῖται, et à Rome, avec les *argentarii*.

Dans un travail très complet, M. Edmond Dulceux (¹) a étudié l'organisation des *argentarii* à Rome, leurs fonctions et les opérations auxquelles ils se livraient. Nous ne pouvons faire ici un parallèle entre les *argentarii* et nos agents de change actuels. Mais ce qu'il faut faire ressortir, c'est que déjà au ive siècle de l'ère romaine, ces *argentarii* ou *mensarii* installés sur le Forum sont les agents de change de l'époque, ils ont un caractère public et sont placés sous la surveillance du *Præfectus Urbis*.

Aucun monopole n'existait à leur profit, la profession

(¹) Dulceux, *Des argentarii*. Thèse de Paris, 1889.

d'*argentarius* était libre, tous, les esclaves même la pouvaient exercer.

Mais bientôt parmi ces *argentarii*, ainsi que nous l'indique M. Deloume, des groupements s'étaient formés.

« D'un côté, dit-il, se trouvaient les *boni homines*, intermédiaires de confiance qu'entoure la clientèle riche, et de l'autre, placés au milieu de femmes mal famées, d'individus aux mœurs équivoques et d'une foule miséreuse, les intermédiaires d'ordre inférieur, faiseurs d'affaires et manieurs d'argent de bas étage » [1].

En dehors de la banque, les *argentarii* étaient chargés d'effectuer les ventes aux enchères de meubles ou d'immeubles. Ils remplissaient aussi l'office de courtiers, servaient d'intermédiaires dans les paiements, et sous ce rapport leur ministère était extrêmement utile à cause des variations incessantes des monnaies romaines. D'anciennes pièces, en effet, circulant dans le commerce en même temps que des pièces étrangères, il fallait une grande expérience pour apprécier leur valeur. Il était donc utile et même nécessaire de s'adresser aux *argentarii* que leur grande habitude de manier l'argent empêchait de se tromper sur le taux des monnaies.

Les fonctions des *argentarii* se rapprochaient en outre de celles des notaires, les registres qu'ils étaient obligés de tenir faisaient foi en justice, et les opérations qui y étaient constatées étaient réputées avoir eu lieu comme ils le rapportaient.

[1] Deloume, *Les manieurs d'argent à Rome.*

Ils servaient d'intermédiaires pour la mise en circulation des monnaies et leur intervention était une garantie de leur sincérité ; ils recevaient les pièces, donnaient en échange les pièces nouvelles et percevaient sur cette opération un droit fixé par le prince.

*
* *

La plupart de ces fonctions furent exercées en France pendant toute la durée du moyen-âge par les courretiers de change, les prédécesseurs directs de nos agents de change modernes.

L'origine des agents de change en France est très ancienne. Elle se confond avec celle de la spéculation et du commerce. Les trafics opérés au moyen-âge dans les foires portèrent non seulement sur les marchandises, mais aussi parfois sur les métaux précieux, le plus souvent sur les monnaies étrangères. Les foires sont le centre du commerce de change et du commerce de banque. « La foire est le lieu central où s'effectuent tous les paiements, où se règlent toutes les transactions même accomplies en dehors d'elle » ([1]).

Pour régulariser les transactions faites dans les foires, leur donner plus de sécurité, l'usage du scel apparaît. Il n'est d'abord point imposé et les dettes des foires peuvent être prouvées par témoins. Mais, par la suite, l'usage du scel devient obligatoire.

Deux causes motivent cette évolution : d'abord le

([1]) Bourquelot, *Etude sur les foires de Champagne, sur l'étendue et les règles du commerce qui s'y faisait aux XIIIe et XIVe siècles.* Paris, 1865, 2e vol.

souci d'éviter les fraudes et d'empêcher que les marchands puissent faussement rédiger des contrats comme ayant été passés en foire, s'ils l'avaient été en dehors, ensuite la préoccupation d'augmenter les revenus du droit de scel.

Avant 1326 le sceau des foires était apposé en fait sur toutes les obligations importantes, qu'elles fussent ou non passées dans les foires de Champagne. Le sceau, au moyen-âge, symbole du pouvoir législatif, administratif et judiciaire, donne aux obligations sur lesquelles il est apposé une force probante particulière. C'est l'apposition du sceau sur les actes passés dans les foires qui en fait des actes authentiques ([1]).

L'institution des intermédiaires est liée de très près au droit primitif des foires et des marchés. C'est en effet pour atténuer les effets de l'hostilité originaire régnant entre étrangers, que l'usage s'est établi de contracter par le moyen d'intermédiaires. Le courtier à l'origine dut être un homme assez puissant pour se défendre contre les deux parties en présence, ou défendre l'une contre l'autre.

M. Huvelin nous retrace la façon dont s'opèrent les échanges dans les marchés des Arabes nomades ([2]). L'intermédiaire joue le rôle de conciliateur.

Chez certains peuples, cet intermédiaire est à la fois l'interprète, l'hôtelier, le commissionnaire des étran-

([1]) Beaumanoir, *Coutumes de Beauvoisis,* Ed. Beugnot, 1842, 2 vol. in-8, XXXV-18.

([2]) F. Huvelin, *Essai historique sur le droit des marchés et des foires.* Thèse de Paris, 1897.

gers (car il traite souvent en son propre nom dans l'intérêt de l'étranger).

Une certaine spécialisation tendit à s'introduire peu à peu dans les attributions de ces intermédiaires. La paix générale du commerce s'affirma de plus en plus et rendit inutile la protection matérielle des marchands. Pour donner plus de valeur au témoignage des courtiers, on en arrive à faire prêter serment à ceux d'entre eux qui paraissent mériter le plus de confiance, et leur donner le monopole de l'intervention entre contractants.

Parmi les transactions s'opérant dans les foires, celles des monnaies prirent bientôt une grande importance. Le change des monnaies est effectué aux foires par les changeurs (¹), ils fixent le cours du change. Le nom de changeur au moyen-âge sert à désigner les marchands se consacrant plus spécialement au commerce des métaux précieux et au commerce du crédit. Ils se tiennent aux foires dans de petites boutiques ouvertes sur la rue et contenant une table avec un tapis, un banc et des balances. Les affaires des changeurs commencent à des époques déterminées, leur durée est variable, aux foires de Champagne elles durent un mois. On peut très vraisemblablement admettre que les affaires des changeurs commencent à « hare de draps » finissent à l'époque dite de « changes abattus ».

Le change sur place ou échange des monnaies est la plus ancienne de toutes les opérations de banque, il fut vraisemblablement pratiqué dès la création des pre-

(¹) Bourquelot, *op. cit.*, p. 127-175.

mières monnaies. Au fur et à mesure des progrès, du développement du commerce et de l'industrie, les changeurs augmentèrent la nature et la forme de leurs opérations, la lettre de change fut inventée et immédiatement devint l'objet d'un commerce suivi. De là naquirent les opérations de change, telles que nous les concevons aujourd'hui. Et de bonne heure dans les foires du moyen-âge nous voyons apparaître le change véritable, c'est-à-dire la compensation entre les différentes places des dettes et des créances réciproques de ces places, de manière à éviter dans la mesure du possible les envois de monnaies effectives. Un cours officiel du change s'établit aux foires de Lyon, il porte le nom de conto. Au jour dit, les changeurs de la foire se rassemblent en cercle. Le consul des Florentins, plus tard le prévôt des marchands de Lyon, leur demande l'un après l'autre à quel chiffre ils veulent établir les cours. On fait un relevé de leurs réponses et on établit la moyenne que constitue le conto. Le conto ne lie pas les changeurs, mais ils sert d'indication utile, de nombreuses affaires sont conclues au cours moyen de la foire. Le conto subsista jusqu'à la Révolution française (¹).

Dans les villes commerçantes, ces opérations de change ne pouvaient pratiquement être exercées que dans un endroit déterminé. Les changeurs s'étaient

(¹) Les foires de change ont eu une importance de premier ordre au xvıe siècle et au xvııe siècle, à cette époque on ne tirait jamais en droiture d'une place sur une autre. Les effets se joignaient toujours aux foires, mais dès la fin du xvııe siècle, les foires de change déclinant, le commerce du crédit se séparait d'elles. Le xvıııe siècle les vit bien déchues et au xıxe siècle l'usage des lettres de change aux foires a entièrement disparu.

toujours tenus d'ailleurs dans des rues et des quartiers spéciaux. A Paris, une ordonnance du roi Louis VII, de 1141, dont l'original paraît perdu et sur l'existence de laquelle il y aurait d'ailleurs quelques doutes (¹), aurait assigné au change le Grand Pont de Paris et fait défense de le pratiquer ailleurs. Une ordonnance de Philippe IV dit le Bel, du mois de février 1304 (²) porte : « 1° que le change de Paris sera sur le Grand Pont du côté de la Grève, entre la grande arche et l'église Saint-Leuffroy ; 2° que l'on ne pourra exercer le change ailleurs sous peine de confiscation des choses échangées ; 3° si quelques-uns de ceux du change en avertissant, donnent lieu à la confiscation, ils en auront la cinquième partie ».

Cette ordonnance est d'une importance capitale. Désormais le commerce du change se trouvera avoir à Paris un siège fixe et ses cours s'établiront plus facilement. L'emplacement depuis a porté le nom de Pont au change. Une ordonnance du 22 juillet 1305 établit quatorze changes royaux avec attributions exclusives du droit de changer les monnaies et les matières d'or et d'argent non monnayées. L'ordonnance de 1312 défend à ces intermédiaires de faire le commerce dont ils étaient courratiers. En 1325, paraît une ordonnance relativement aux changes de Rouen. Elle fait ressortir l'intérêt de tous et principalement du peuple à ce que

(¹) Dictionnaire du commerce et de l'industrie, art. de M. E. Vidal, v° *Agent de change*, 1ʳᵉ livraison, p. 95.

(²) *Ordonnances des Roys de France de la troisième race*, par M. de Laurière. Imprimerie royale, MDCCXXIII, 1 vol., p. 426.

des endroits déterminés soient fixés pour le commerce des changes. L'autorité royale prend des mesures sévères pour protéger le peuple contre les vexations des changeurs, elle fixe très minutieusement leurs salaires.

Ce n'est qu'au xive siècle que les foires de Champagne commencent à décliner. Au xve siècle elles ont perdu leur importance exceptionnelle. Les rois de France s'efforcent en vain d'arrêter cette décadence, d'augmenter les privilèges, de diminuer les impôts, de rendre le conduit plus sûr. En vain ils accumulent ordonnances sur ordonnances pour tâcher de ramener le courant commercial dans son ancienne voie; la multiplicité de leurs efforts prouve combien peu ils y réussirent ([1]).

Dans les lettres sur les monnaies du 19 novembre 1443 de Charles VII, il est dit que « Nul, de quelque état et condition qu'il soit, ne peut s'entremettre de faire le change s'il n'a obtenu des lettres signées des genéraulx-maistres ou de leurs commis » et plus loin « que les dits changeurs sont contraints de livrer chaque année en monnaies royales une certaine somme d'or et d'argent, chacun selon ses moyens, sous peine de voir confisquer tout l'or, l'argent et le billon trouvés chez eux et de plus d'être frappés d'une amende qu'il plaira au roy de leur infliger ».

Ce n'est que sous le règne de Charles IX, en juin 1572, que paraît un édit érigeant à titre d'offices, des courretiers de change, deniers et marchandises. Mais

---

([1]) Ordonnance de Philippe le Bel (juillet 1345); ordonnance de Louis X le Hutin, 1315. Isambert, *Recueil des anciennes lois*, III, p. 105.

ces offices ne sont encore que viagers ; l'hérédité est créée par un arrêt du Conseil d'Etat de décembre 1638.

Les courretiers de change avaient jusqu'à cette époque des fonctions multiples ; au change des monnaies proprement dites et au commerce des lettres de change et de quelques effets publics, ils joignaient la vente des marchandises, ces opérations étaient réunies dans les mêmes charges sous le privilège des mêmes officiers.

L'arrêt du 2 avril 1639 divise les courretiers de change en deux groupes : le premier groupe comprend les agents de change, ils feront exclusivement les affaires de change et la négociation des effets publics. Le second groupe comprend les simples courtiers, la négociation des marchandises leur est laissée.

La vénalité des charges introduite par un arrêt du Conseil d'Etat du 17 mai 1598 est abolie et rétablie plusieurs fois dans la suite. Il n'est peut-être pas douteux que ce n'est que dans un but fiscal que la royauté chercha souvent à augmenter le nombre des charges et à les garantir contre toute concurrence pouvant en diminuer la valeur vénale (1). Elle comprend néanmoins l'importance des fonctions des agents de change et à partir de l'ordonnance du commerce de 1673 les agents de change cessent de devenir des commerçants mais sont avant tout des intermédiaires officiels institués en vue de l'intérêt public.

Il leur est défendu « de faire le change ou tenir banque pour leur compte particulier, sous leur nom ou sous

---

(1) Salzédo, *La coulisse et la jurisprudence*, passim.

des noms interposés directement ou indirectement à peine
de privation de leur charge et de 1,500 livres d'amende » (Ordon. de mars 1673, art. I, titre II).

Ceux qui auront obtenu des lettres de répit, fait contrat d'atermoiement ou fait faillite ne pourront également être agents de change. La tenue de certains livres
et registres leur est particulièrement imposée. Le principe du cautionnement n'est introduit que par un arrêt
de 1720. Les droits de courtage qu'ils peuvent prélever
sur les négociations sont nettement déterminés.

Le principe de ces dispositions s'est maintenu jusqu'à
nos jours à travers de nombreux changements sur les
détails.

Sous Louis XIII et sous les premières années de
Louis XIV, nous voyons les agents de change procurer
des emprunts aux fermiers généraux (1).

Ce n'est qu'à la fin du xviiᵉ siècle que les valeurs
mobilières commencent à se négocier d'une façon régulière et à donner lieu à de nombreuses spéculations. Le
commerce des effets royaux apparaît à peu près à cette
époque.

Au commencement du xviiiᵉ, au moment où apparaît
le système de Law, si les agents de change ont seuls le
droit de négocier « tous billets d'emprunt faits en
commun par les Compagnies », en fait, l'exercice de leurs
fonctions est très restreint ; les achats et les ventes se
font directement, chacun opérant pour son compte au
gré de sa fantaisie et au hasard de la rencontre d'une
contrepartie.

(¹) Léon Say, *Dictionnaire d'Economie Politique*, vᵒ *Agent de change*.

Dans un arrêt du Conseil d'Etat du 24 septembre 1724 portant établissement d'une bourse dans la ville de Paris, nous trouvons très exactement définies les fonctions des agents de change.

Si tous marchands, négocians, banquiers et autres admis à la Bourse pourront négocier entr'eux les lettres de change, billets au porteur ou à ordre, ainsi que les marchandises ; à l'égard de tous les autres effets et papiers commerçables ils ne pourront être négociés que par l'entremise des agents de change (art. 17 de l'arrêt du 24 septembre 1724).

Parmi ces effets, il faut citer tous les titres relatifs aux emprunts ouverts par le Roi, tels que les contrats de rente, billets de loterie, bulletins de chances, donnant droit à des primes, quittances ou simples bordereaux délivrés au Trésor royal, dits effets royaux; et encore, les contrats de rente sur le clergé, les actions de la caisse d'escompte et de la nouvelle Compagnie des Indes ou de toute autre compagnie autorisée à emprunter publiquement, qui sont des effets publics [1].

À la fin du xviiie siècle, le nombre des valeurs mobilières augmente, la spéculation renaît plus effrénée. Les fonctions des agents de change n'ont point changé (arrêt du Conseil d'Etat du 26 novembre 1781). S'il est permis aux marchands, négociants et banquiers de négocier entre eux les lettres de change, les billets au porteur d'ordre et de marchandises, les agents de change seuls peuvent s'immiscer dans les négociations d'effets royaux et papiers commerçables.

[1] Nouveau Denizart, vº *Effets royaux.*

Les offices d'agents de change sont supprimés par les lois des 2-17 mars 1791. La loi du 28 vendémiaire an IV crée vingt-cinq commissions d'agents de change.

La loi du 28 ventôse an IX leur donne le droit de constater le cours du change, celui des effets publics, matières d'or et d'argent et de justifier devant les tribunaux ou arbitres la vérité et le taux des négociations, ventes ou achats.

Ce droit leur est confirmé de nouveau par l'arrêté du 27 prairial de l'an X. Ce même arrêté du 27 prairial de l'an X (art. 15) oblige les agents de change à certifier l'identité du propriétaire, la vérité de sa signature et des pièces produites pour les transferts d'inscriptions sur le grand livre de la Dette Publique.

Avec le Code de commerce, « les agents de change ont seuls le droit de faire les négociations des effets publics et autres susceptibles d'être cotés, de faire pour le compte d'autrui les négociations des lettres de change ou billets et de tous papiers commerçables et d'en constater le cours ».

« Ils pourront faire concurremment avec les courtiers de marchandises les négociations de ventes ou achats des matières métalliques. Ils ont seuls le droit d'en constater le cours » (art. 76 du Code de com.).

Nous verrons plus loin comment les agents de change ont abandonné les attributions que l'art. 76 du Code de commerce leur réservait, pour se vouer exclusivement à la négociation des effets publics et des valeurs mobilières.

Le 30 décembre 1815, quatre valeurs seulement

étaient inscrites à la cote officielle. Plus de 800 le sont aujourd'hui.

Mais le marché officiel des agents de change aurait sombré devant les attaques de ses adversaires et les empiétements de la coulisse, si d'excellents esprits n'avaient cherché à l'agrandir et à lui permettre de se mettre en rapport avec les besoins de la spéculation.

La loi de 1885 ayant légitimé les opérations à terme, alors même qu'elles se résoudraient. par le paiement de simples différences, et l'usage de la couverture étant reconnu par le décret de 1890, les opérations de bourse ont pris un développement considérable.

Les décrets du 29 juin 1898 ont cherché à mettre le marché officiel monopolisé, enserré par une réglementation étroite à la hauteur de sa tâche économique et financière. Nous verrons plus loin dans quelle mesure ce résultat a été obtenu.

II

DES EMPIÈTEMENTS DE LA COULISSE SUR LE MONOPOLE DES AGENTS DE CHANGE

A côté de la Bourse ayant une existence légale, il en existe une autre ayant une existence de fait, qui porte le nom de coulisse (¹).

(¹) Dans un des anciens locaux destinés à la Bourse de Paris, se trouvait un couloir séparé par une cloison à hauteur d'appui du lieu où les commerçants étaient assemblés ; ce couloir se prolongeait jusqu'au parquet des agents de change. C'est là que se réunissaient les personnes qui faisaient entre elles et sans le ministère d'agents de change, des marchés sur les fonds publics. On appela ce lieu coulisse et ceux qui le fréquentaient

A côté des agents officiels et patentés, il en existe d'autres, exerçant leurs fonctions sans investiture; ce sont les coulissiers, appelés aussi autrefois courtiers marrons.

Si la coulisse actuelle ne remonte pas au-delà du premier Empire, nous constatons de bonne heure l'existence de courtiers libres. L'histoire de la coulisse est liée à l'histoire même des agents de change (¹). Elle est contemporaine de l'établissement du monopole des agents et courtiers de change. C'est pour défendre le monopole de ceux-ci contre ses empiètements que la loi sévit contre elle, édictant des pénalités très sévères contre ceux qui s'immiscent dans les fonctions d'agents de change.

L'arrêt du Conseil de décembre 1638 a-t-il établi le monopole absolu des agents de change que nous voyons, dès le 2 avril 1639, faire édicter des peines sévères contre les usurpateurs de leurs fonctions? La même pensée inspire les édits de décembre 1706, août 1708, novembre 1714 et les fameuses ordonnances des 22 et 28 mars qui rappellent les souvenirs de la rue Quincampoix.

Les édits, arrêts et ordonnances rendus sous les règnes de Louis XV et de Louis XVI visent l'agiotage et la spéculation et dans ce but défendent le monopole

---

coulissiers. On les a nommés courtiers marrons par assimilation aux nègres déserteurs, qui, répudiant le joug, promènent loin du domicile légal de leur maître leurs instincts d'indépendance et de liberté (Fremery, *Des opérations de bourse*, p. 494).

(¹) Communication faite au Congrès des valeurs mobilières sur l'organisation du marché libre à la bourse de Paris, juin 1900, par MM. Oudin et Emmanuel Vidal.

des agents de change (^{1}). Les rigueurs de la loi furent souvent inutiles (^{2}).

Avec la loi du 17 mars 1791 la suppression des offices d'agents de change est prononcée. Il devient loisible à toute personne d'en exercer la profession moyennant le simple paiement d'une patente. La loi du 8 mai 1792 imposa seulement à ces agents libres de se présenter devant un juge du Tribunal de commerce et d'y prêter le serment de remplir leurs fonctions avec intégrité et de se conformer au décret de l'assemblée nationale et aux règlements.

Mais les circonstances n'étaient guère favorables et le marché financier ne put procéder à son organisation. La Bourse fut fermée, réouverte, puis fermée de nouveau. Les expédients financiers de la Convention, les difficultés du commerce, par suite des troubles intérieurs et de la situation extérieure étaient autant d'obstacles à ce qu'un marché financier quelconque pût fonctionner normalement.

Une sorte de délire d'agiotage s'empara de la foule et la rareté de la monnaie fit spéculer démesurément sur le numéraire. Les lois contre l'agiotage sont d'une sévérité draconienne, particulièrement celle du 18 fructidor de l'an III; elles achevèrent de tuer le marché financier.

Le Consulat fut moins indulgent que le Directoire pour la coulisse (ordonnance du 1er thermidor an IX, interdisant ses réunions illégales).

(^{1}) Déclaration du 19 mars 1786. Arrêt du 7 août 1785, art. 7; déclaration du 22 sept. 1786. Déclaration du 22 sept. 1786.

(^{2}) Bozérian, *La Bourse*, 1859, p. 169.

L'arrêté du 27 prairial de l'an X charge les agents de change eux-mêmes du soin de la police, elle les institue dénonciateurs. Le gouvernement impérial ne soutint que mollement les prétentions des agents de change. Leur monopole est constamment battu en brèche. Sous la Restauration, la coulisse devient plus hardie, elle fait élection de domicile au passage des Panoramas. Le gouvernement consent à son existence à condition par elle de soutenir les fonds publics et de travailler à la hausse; à deux reprises une baisse très sensible s'étant produite, le gouvernement prend des mesures contre « certains individus qui s'immiscent sans qualité dans les fonctions d'agents de change ». Il interdit ses réunions.

La monarchie de Juillet obéit aux mêmes inspirations. La coulisse se réunit chez Tortoni sans être inquiétée, sauf une seule fois, sur la baisse de la rente 5 p. 100 à l'annonce du bombardement de Beyrouth. Le parquet se contente de simples plaintes sans recourir à l'action judiciaire.

Sous la seconde République la coulisse s'organise et vote un règlement devenu obligatoire pour tous ceux qui aspiraient à en grossir le nombre [1].

Chassée en 1853 du casino de la rue de la Chaussée-d'Antin, la coulisse est obligée de tenir ses réunions en plein vent en dehors de la Bourse. Elle se voit l'objet de rigueurs administratives chaque fois qu'une baisse trop sensible se produit. Les agents de change, s'ils

[1] Courtois, *Traité des opérations de bourse et de banque*, introduction, p. 18.

toléraient les réunions de la coulisse pendant la bourse, cherchaient à empêcher surtout ses réunions d'après bourse. Les agents de change avaient à plusieurs reprises porté plainte contre leurs concurrents ([1]) mais ils ne furent pas écoutés.

Cependant en 1859, sur la plainte de la Chambre syndicale des agents de change, vingt-six coulissiers prévenus d'immixtion dans les fonctions d'agents de change, furent condamnés chacun à 10.500 francs d'amende et aux dépens. Ils firent appel, mais le premier jugement est confirmé, et la cour de cassation rejette le pourvoi de quatorze des condamnés qui s'étaient décidés à livrer cette dernière bataille.

Depuis 1859 la coulisse vécut en bonne intelligence avec le parquet. Les deux rivaux comprirent le danger d'une rupture, chacune des bourses eut son domaine circonscrit, ses attributions déterminées. La négociation en coulisse put être considérée comme un stage obligatoire de toute valeur qui sollicite les honneurs de la cote officielle. Mais le terrain ne fut jamais nettement circonscrit, les coulissiers ne se bornèrent pas toujours à ramasser les restes des agents officiels. Il était clair qu'il dut y avoir là une occasion permanente de conflit.

Après 1870, quand se firent en France les emprunts pour payer à l'Allemagne l'indemnité de guerre, le marché libre trouva l'occasion de prêter son aide au relèvement du pays et de conquérir une grande puissance sur le marché financier.

([1]) Eugène Léon, *Etude sur la coulisse et ses opérations.*

Cependant les agents de change se laissaient prendre leur bien sans protester. La police tolérait la coulisse. Il semblait que les mauvais jours de celle-ci étaient finis, lorsque la Chambre des requêtes rendit, le 28 février 1881, un arrêt, qui a tout de suite fait jurisprudence.

Il décide que « les dispositions des art. 13 de l'arrêt du Conseil du 26 novembre 1781, 8 de la loi du 28 ventôse an IX, 4 et 7 de l'arrêt de prairial an X, dispositions qui, en organisant ou en confirmant le monopole des agents de change, déclarent nulles les négociations d'effets publics faites par des intermédiaires sans qualité, sont actuellement encore en vigueur et que ces dispositions refusent aux intermédiaires dits coulissiers toute action en justice tendant au remboursement des sommes par eux avancées à leurs clients pour la liquidation d'opérations de bourse faites sans le concours d'un agent de change ».

Le danger était bien plus redoutable. Il pouvait éclater à l'occasion de chaque opération faite par l'intermédiaire d'un coulissier.

Il n'est plus question de l'exception de jeu, du caractère aléatoire des opérations ; c'est l'unique circonstance qu'elles n'ont pas été accomplies avec le concours d'intermédiaires autorisés qui en constitue le vice et en produit la nullité.

Jusqu'à l'année 1890, les affaires financières provoquèrent de nombreuses transactions dont chacun, les agents de change et les coulissiers, eurent leur part. Mais, en 1892, le parquet fit valoir ses prérogatives en inter-

disant à la coulisse les négociations des fonds russes
et italiens ; il obtint ensuite la suppression de la petite
bourse du soir, qui se tenait alors dans le hall du Crédit
Lyonnais.

En 1893, un projet d'impôt sur les opérations de
bourse fut présenté par M. Tirard, ministre des finances, qui voulait que toute opération de bourse fût cons-
tatée par un bordereau établi par un agent de change.
Comment percevoir alors l'impôt sur les opérations
faites en coulisse? C'était la ruine de celle-ci. Le pro-
projet de loi de M. Tirard fut voté par la chambre des
députés le 24 février 1893. Mais au Sénat, sur l'intervention de M. E. Boulanger, rapporteur général de la
commission des finances, le 28 mars, la disjonction de
ce projet de la loi des finances est prononcée. Deux
jours après, le 30 mars, le ministère tombait. M. Peytral
succéda à M. Tirard; il tourna la difficulté et fit voter
que l'impôt serait payé par tous ceux qui font commerce
habituel de recueillir des offres et des demandes de
valeurs de bourse (art. 29 de la loi du 28 avril 1893).

De nouveau la question est revenue devant les Chambres en 1898 et, après de nombreuses discussions sur
lesquelles nous reviendrons, le monopole des agents
de change a reçu une consécration nouvelle.

L'art. 29 de la loi du 28 avril 1893 a été remplacé
par la disposition suivante : « Quiconque fait commerce
habituel de recueillir des offres et des demandes de
valeurs de bourse doit à toute réquisition des agents
de l'enregistrement, s'il s'agit de valeurs admises à la
cote officielle, représenter des bordereaux d'agents de

change ou faire connaître les numéros et les dates des bordereaux, ainsi que les noms des agents de qui ils émanent » (art. 14 de la loi des 13-14 avril 1898 portant fixation du budget général des dépenses et des recettes de l'exercice 1898).

PREMIÈRE PARTIE

———

SECTION PREMIÈRE

DROITS ET DEVOIRS DES AGENTS DE CHANGE

CHAPITRE PREMIER

DES ATTRIBUTIONS DES AGENTS DE CHANGE

Les attributions des agents de change sont ainsi déterminées par l'art. 76 du Code de commerce : « Les agents de change, constitués de la manière prescrite par la loi, ont seuls le droit de faire des négociations, des effets publics et autres susceptibles d'être cotés, de faire pour le compte d'autrui les négociations des lettres de change ou billets et de tous papiers commerçables et d'en constater le cours. — Les agents de change pourront faire, concurremment avec les courtiers de marchandises, les négociations et le courtage des ventes ou achats de matières métalliques. Ils ont seuls le droit d'en constater le cours ».

Pour bien comprendre en quoi consistent les négociations dont les agents de change ont le monopole, il importe de rappeler brièvement les opérations auxquelles ces agents prêtent leur ministère et la manière dont elles sont effectuées.

Bien que cet article, en dehors des effets publics et des effets susceptibles d'être cotés, monopolise, au profit des agents de change, la négociation des effets commerçables (lettres de change, billets à ordre), les agents de change de Paris ne s'occupent pas de ce genre de négociations, mais ils abandonnent ce soin à des courtiers spéciaux. Le monopole pour la négociation des effets commerçables accordé aux agents de change est d'ailleurs absolu, il s'applique à tous les genres de négociations.

Il comprend aussi les négociations en blanc, l'interdiction faite aux agents de change, par les décrets des 20 et 28 ventôse an IV de s'entremettre dans de pareilles négociations ayant été virtuellement abrogée par l'article 76 du Code de commerce.

La loi de 1866 ayant aboli le monopole des courtiers de marchandises, les agents de change n'usent plus du droit à eux conféré par ce même article touchant les négociations et le courtage des achats et ventes des matières métalliques. Une autre attribution des agents de change est la détermination du cours du change. Le commerce du change est laissé par eux aux banquiers et aux arbitragistes. Ils se bornent à en porter le cours au bulletin de la Cote officielle (cote des changes). La cote des changes comprend les valeurs et les matières métalliques.

I

La principale attribution des agents de change est la négociation des effets publics et autres susceptibles d'être cotés.

Par ces mots d'*effets publics,* il faut entendre trois classes d'effets distincts :

a) Ceux qui constatent une dette de l'Etat, des départements ou des communes, c'est-à-dire une obligation contractée par l'autorité publique elle-même sous ses différentes manifestations. Exemples :

Les inscriptions de rentes perpétuelles.

Les bons du Trésor.

Les obligations d'emprunt émises par les villes, etc.

b) Les actions ou obligations de compagnies privées mais qui se constituent ou empruntent sous la garantie de l'Etat, comme les grandes compagnies de chemins de fer. Il faut remarquer qu'ici, comme dans le cas précédent, nous avons une dette de l'Etat, mais avec cette circonstance qu'il n'est plus tenu comme obligé principal, mais seulement comme caution, comme débiteur accessoire.

c) Les titres des compagnies dont la formation est subordonnée à une autorisation administrative comme les sociétés anonymes avant la loi du 24 juillet 1867 et maintenant encore les tontines et les compagnies d'assurances sur la vie.

Si cette classification, qui revient à assimiler la garantie morale de l'Etat à sa garantie pécuniaire, n'est peut-être pas tout à fait conforme aux termes de l'art.

76, elle a du moins pour elle la tradition et n'est plus maintenant discutée (¹).

Mais, question plus délicate, que faut-il entendre par l'expression *et autres susceptibles d'être cotés*. Il s'est engagé sur ce point de nombreuses controverses et plusieurs systèmes sont en présence. Nous nous contenterons de les exposer.

D'après un premier système, on doit entendre par effets susceptibles d'être cotés, tous les effets qui, par leur nature intrinsèque, sont, à un instant quelconque et sans qu'il y ait lieu de se préoccuper de cet instant, aptes à être portés sur la cote de la bourse, c'est-à-dire cotables.

Ce système a été soutenu par MM. Bédarride, Bozérian et Vainberg. M. le conseiller Ballot-Baupré, dans un remarquable rapport, l'a proposé à l'acceptation de la Chambre des requêtes.

Cette doctrine de la nature intrinsèque absorbe tout et ne laisse rien en dehors du monopole des agents de change. On fortifie d'ailleurs ce monopole des agents de change en le délimitant. Il y a des positions acquises dont on doit tenir compte, des faits économiques qu'il faut savoir reconnaître ; or l'existence de la coulisse, le fonctionnement du marché en banque, l'immense mouvement d'affaires qu'il entretient sont essentiellement de ces faits, de ces nécessités économiques qu'il n'est permis ni de dénier, ni de supprimer.

MM. Lyon-Caen et Renault, tout en admettant la

(¹) Mollot, n. 241 s.; Bédarride, n. 201 s.; Ruben de Couder, v° *Agent de change*.

doctrine de la nature intrinsèque, ont apporté un certain tempérament à ce système. Il faut, d'après eux, pour déterminer si des effets publics ou privés sont susceptibles d'être cotés, considérer leur nature intrinsèque et rechercher si leur négociation n'est pas prohibée par quelque loi ([1]). MM. Lyon-Caen et Renault visent le cas des valeurs françaises pour lesquelles il n'a pas été satisfait aux prescriptions de la loi de 1867 et les valeurs étrangères se trouvant en dehors des conditions mentionnées dans le décret du 6 février 1880. Assurément, pour être susceptibles d'être cotées à la cote officielle, les valeurs françaises devront remplir les prescriptions ordonnées par les lois de 1867 et de 1893, et les valeurs étrangères se conformer aux conditions mentionnées dans le décret de 1880 ; mais ces prescriptions remplies, toutes les valeurs indistinctement ne seront pas, par ce fait, susceptibles d'être cotées; des conditions plus sévères s'imposent.

Pour MM. Labbé et Buchère, les effets susceptibles d'être cotés sont uniquement ceux qui, par leur importance et leur multiplicité, sont destinés à acquérir un grand mouvement de circulation.

Avec ce système comme avec le précédent l'étendue du monopole des agents de change n'est pas encore nettement délimitée. Ce système semble enfin peu rationnel et nuisible aux intérêts du public, il ne suffit pas que la spéculation arrive à créer sur un titre un mouvement considérable d'échanges pour que ce titre soit

([1]) Lyon-Caen et Renault, *Précis de droit commercial,* t. II, n. 1481.

par ce fait digne d'être porté à la Cote officielle et tombe sous le monopole des agents de change.

M. Crépon, dans son ouvrage « *De la négociation des effets publics et autres* », propose une solution plus simple. D'après lui, il faut entendre par les expressions... *et autres susceptibles d'être cotés* de l'art. 76 du Code de commerce, les effets qui ont été reconnus, par la chambre syndicale des agents de change, se trouver dans des conditions qui permettaient de les admettre à la cote et dont l'aptitude a été indiquée à tous par le fait même de l'inscription au cours officiel de la Bourse ([1]). Nous nous rangeons à cette dernière opinion confirmée d'ailleurs par un arrêt de la chambre civile du 1er juillet 1885. Cet arrêt est ainsi conçu :

« Attendu que l'art. 76 du Code de commerce considère les effets publics comme étant de droit inscrits à la cote et qu'il assimile aux effets publics les autres effets qui viendraient à être reconnus susceptibles d'être cotés, ce qui doit se comprendre des effets dont le cours est habituellement relevé conformément à l'art. 72 du Code de commerce, et qui, par les conditions de régularité, de garanties sérieuses et de fréquence d'échanges, ont été jugés par la chambre syndicale des agents de change aptes à être portés sur la cote officielle de la Bourse — que ces effets seuls sont soumis au privilège des agents de change » ([2]).

[1] Crépon, *De la négociation des effets publics et autres*, éd. de 1891, p. 96.

[2] Cass., 1er juillet 1885, D. P., 85. 1. 393, *Journal des val. mobilières*, 1885, p. 195.

Assurément la Cour de cassation n'a pas le droit de faire la loi, mais elle a celui de l'interpréter. « Et, déclare M. Buchère (dont le système, nous l'avons vu, diffère essentiellement), si son interprétation est admise par les tribunaux et les cours d'appel, elle aura pour conséquence de trancher une question très délicate et qui présente à notre époque un sérieux intérêt » (1).

L'attribution essentielle des agents de change est donc la négociation des effets publics et de tous ceux qui sont inscrits à la Cote officielle. C'est pour la négociation de ces effets que l'agent de change a un monopole. Il n'est pas seulement alors un mandataire et un mandataire salarié, soumis par conséquent aux règles du droit commun concernant le mandat et particulièrement le mandat comportant salaire (art. 1992 du C. c.), mais il est un mandataire nécessaire, dont le concours s'impose sous peine de nullité des opérations faites. Il n'y a pas de distinctions à établir sur ce point entre les marchés à terme et les marchés au comptant, dès lors qu'il s'agit de valeurs cotées. Plus de distinctions également entre les négociations de titres au porteur et celles de titres nominatifs.

Le monopole des agents de change existe dans tous les cas.

Il est néanmoins permis à la coulisse de négocier à terme la rente française perpétuelle 3 0/0 sous la surveillance du parquet, ce qui est à nos yeux une véritable anomalie.

(1) Buchère, *Traité théorique et pratique des opérations de Bourse*, p. 144.

Cette distinction que rien ne justifie donne en quelque sorte une existence légale à la coulisse qu'elle ne devrait pas avoir.

Nous ne pouvons faire ici une étude complète des opérations de bourse et en examiner le mécanisme dans tous ses détails. Nous nous contentons de les exposer très sommairement et de les définir.

Marchés au comptant. — Les marchés au comptant sont ceux qui sont suivis de la livraison des titres vendus et de la remise du prix, dans des délais très courts, fixés par les règlements de la chambre syndicale. Les délais varient suivant qu'il s'agit de titres au porteur ou de titres nominatifs. (Cf. le Règlement des agents de change de Paris du 29 juin 1898).

Marchés à terme. — Dans les marchés à terme, au contraire, un délai assez long est stipulé pour la livraison des titres et par suite pour le paiement du prix.

Les marchés à terme ont leur utilité propre, ils sont l'âme de la spéculation, créatrice des affaires, et de leur développement; ils ont droit, tout comme les marchés au comptant, à une protection spéciale ; et si ceux-ci sont protégés par la loi, ce ne peut être au détriment de ceux-là. Critiquer, comme certains économistes le font, la solidarité des agents de change pour l'exécution des marchés à terme et n'en reconnaître l'utilité que pour l'exécution des marchés au comptant, n'est-ce pas détruire par le fait la loi de 1885 et ravaler le marché à terme à un rang très inférieur ?

Pour être complet, disons qu'il y a plusieurs sortes

de marchés à terme. Le marché est fait à couvert si l'intermédiaire reçoit avant la conclusion du marché, devant se réaliser par son entremise, les titres ou les sommes nécessaires à sa réalisation ; dans le cas contraire le marché est dit à découvert. Les marchés à terme peuvent aussi être sérieux ou fictifs.

Lorsque l'intermédiaire est l'agent de change, les parties n'ont pas une liberté absolue dans la conclusion des marchés à terme. Une valeur admise à la cote officielle peut ne l'être que pour les marchés au comptant ; le pouvoir de la chambre syndicale est absolu sur ce point. On ne peut opérer à terme que sur des quantités assez élevées, dites coupures, ou sur leurs multiples et prendre pour terme que l'époque fixée pour les liquidations par la chambre syndicale. La liquidation de certaines valeurs a lieu le 15 et à la fin de chaque mois (Italien, Rente extérieure d'Espagne, Rio Tinto, Crédit Lyonnais, Chemins de fer espagnols, etc.), la plupart des valeurs en un mot se négociant sur le marché officiel. Mais la liquidation des opérations à terme engagées sur quelques unes ne se fait qu'à la fin de chaque mois (Rentes françaises, Banque de France, Chemins de fer français).

Les opérations de la liquidation se font par l'intermédiaire de la chambre syndicale, elle les concentre, surveille l'exécution des marchés, compense les opérations engagées entre les divers agents et établit les soldes débiteurs ou créditeurs qu'ils peuvent avoir entre eux. Elle détermine pour chaque valeur le cours de compensation, c'est-à-dire le cours sur lequel se compensent les opérations à terme prorogées pour la liquidation suivante.

Les marchés à terme sont fermes ou.à primes.

A l'inverse de ce qui se passe pour le marché ferme, l'acheteur, dans le marché à prime, a la faculté ou d'exiger la livraison des titres ou d'abandonner le marché en payant un dédit, de sorte que sa perte sera toujours limitée au chiffre de ce dédit. D'un autre côté, le gain du vendeur à découvert sera toujours limité à ce chiffre, tandis que ses risques de perte seront illimités. Le quantum des primes est fixé par la chambre syndicale, il varie selon les valeurs. Le règlement de celle-ci porte qu'il ne peut être négocié de primes pour une liquidation plus éloignée que la troisième liquidation qui suit celle en cours. Ainsi du 1er au 15 janvier, il ne peut être négocié de primes pour la liquidation du 28 février. Mais si le besoin s'en faisait sentir, la chambre syndicale pourrait permettre les négociations de primes pour une échéance plus éloignée.

Si l'utilité des primes est incontestable en ce qu'elles donnent au Marché une grande élasticité permettant à certains esprits timorés, ne pouvant ou ne voulant subir les risques parfois considérables des marchés fermes, de se rendre acquéreurs à condition de valeurs mobilières, le montant doit en être assez élevé et l'échéance assez lointaine.

On a critiqué la coulisse, avec de justes raisons, de laisser négocier sur la rente française, pour le lendemain, des primes de 0 fr. 10 et de 0 fr. 05 centimes; ici, selon toutes les présomptions, le marché ne peut être sérieux, c'est un véritable pari. Le même reproche ne pourrait-il être fait à la chambre syndicale des agents de change pour permettre la négociation, sur le Rio-Tinto et l'Extérieure d'Espagne, de primes pour le lendemain ?

A la réponse des primes qui a lieu lors de l'arrivée du terme, à la liquidation, la prime est abandonnée ou levée suivant les cours.

Mais à propos des marchés à terme, il faut remarquer que l'acheteur a toujours le droit d'escompter, c'est-à-dire d'exiger la livraison des titres avant l'arrivée du terme. Il perd simplement la jouissance de son prix. Le vendeur à terme doit donc lui livrer les titres dans un délai fixé; s'il a vendu à découvert, il est obligé de racheter les titres au comptant.

Les marchés à terme ont pris une place considérable dans les négociations de valeurs mobilières. Avant la loi de 1885 on discutait sur leur validité, certains soutenaient même que ces opérations n'étant pas valables, les coulissiers pouvaient les exécuter, lorsqu'elles portaient sur des valeurs inscrites à la cote officielle, sans qu'il y eût immixtion dans les fonctions des agents de change.

La jurisprudence relativement à leur validité a traversé deux périodes. Dans la première, tous les marchés à terme sans exception sont déclarés nuls (arrêt du conseil du roi du 24 septembre 1724, art. 29, arrêt du 7 août 1785, art. 5).

Dans la seconde période, la jurisprudence avait établi une distinction entre les marchés sérieux qui, dans la pensée des opérateurs, doivent s'exécuter en nature et les marchés fictifs ou différentiels devant se résoudre par le paiement d'une simple différence. Les premiers étaient valables, les seconds ne l'étaient que sous réserve de l'application des règles des art. 1965 et 1967 du code civil.

Cette jurisprudence manquait de critérium pour distinguer l'opération fictive de l'opération réelle.

La loi du 28 mars 1885 a reconnu légaux les marchés à terme sur les effets publics et autres et déclaré que nul ne peut, pour se soustraire aux obligations qui en résultent, se prévaloir des dispositions de l'art. 1965 C. c., lors même qu'ils se résoudraient par le paiement d'une simple différence. Néanmoins, dans certains cas, depuis la loi de 1885 l'exception de jeu a été admise par les tribuneaux. Il faut souhaiter qu'une loi définitive intervienne sur ce point et tranche, une fois pour toutes, cette question si complexe.

Des reports. — Les reports sont aussi des opérations de bourse devant être faites par les agents de change (opérations jouant dans la spéculation un rôle considérable).

Le report est une opération double dans laquelle une même personne, lorsqu'arrive une liquidation, vend une valeur au comptant à un prix convenu et la rachète à terme livrable pour la liquidation suivante à un prix différent ([1]).

D'une façon générale le report est le loyer de l'argent employé dans les opérations de bourse.

([1]) Thaller, *Traité élémentaire de droit commercial*, p. 432.

Par suite on a donné ce nom de report à l'opération par laquelle les capitaux ou les titres trouvent leur emploi dans la prorogation des engagements à terme.

En principe, l'échéance du terme arrivée, les opérations engagées devraient être suivies, soit du paiement du prix des titres achetés, soit de la livraison des titres vendus ; mais rien ne s'oppose à la prorogation de l'opération primitive, l'acheteur vend au comptant, au cours de compensation fixé, les titres achetés et les rachète à terme pour la liquidation suivante, le vendeur à terme, lui, achète au comptant sur ce même cours les titres vendus à terme et les revend pour la liquidation suivante.

Les acheteurs et les vendeurs interviennent toujours dans les opérations de report faites à chaque liquidation sur chacune des valeurs traitées à terme, ce sont en effet les opérations engagées par eux qui font l'objet des reports. Les uns font la contre-partie des autres pour les reports comme ils l'ont fait pour l'opération primitive ; mais les capitalistes et les porteurs de titres interviendront pour former l'appoint en reportant ou en faisant reporter le solde des opérations engagées.

Les opérations de report nécessitant l'emploi de titres et de capitaux, il est évident que la proportion de ces deux facteurs, l'un par rapport à l'autre, fait fluctuer le taux du report, qui obéit à la loi de l'offre et de la demande.

Ainsi lorsque l'argent est abondant par rapport au titre à absorber pour solde, le report diminue, on dit qu'il se détend. Si les capitaux sont rares ils se montrent plus exigeants, le report augmente, on dit qu'il se tend.

Lorsque le solde est nul, c'est-à-dire lorsque les acheteurs et les vendeurs se font exactement contre-partie le jour du terme, quelle que soit leur nature et sans nécessiter le secours des capitaux ou des titres, le report est nul, on dit alors qu'il est au pair.

Enfin, si pour une cause quelconque, le titre devient d'une trop grande rareté, il peut se produire que non seulement le vendeur abandonne entre les mains du détenteur le report qu'il en exigeait en temps normal, mais encore, qu'il consente à lui payer une indemnité pour posséder son titre au moment du règlement. Cette indemnité se nomme le déport.

Les reports se faisant entre vendeurs et acheteurs à découvert se font sans mouvement de titres ou d'argent, bien qu'ils comportent toujours la même double opération (opération au comptant et opération à terme).

Les reports, soit entre acheteurs et capitalistes, soit entre vendeurs et porteurs de titres, comportent seuls la livraison effective des titres et de leur contre-valeur.

Dans la pratique, les agents de change ayant le monopole des reports et agissant comme intermédiaires dans les achats ou les ventes qu'ils comportent, se chargent eux-mêmes de procurer à leurs clients, acheteurs ou vendeurs, les capitaux ou les titres nécessaires à la prorogation de leurs engagements; et les fluctuations que subit le report sont portées à la cote.

Les opérations de report donnent lieu à un courtage officiellement déterminé.

Ces opérations pour les valeurs se négociant à terme

sur le marché officiel tombent donc sous le monopole des agents de change. La concurrence des établissements de crédit est certainement illégale, plus loin nous chercherons à démontrer qu'elle est encore préjudiciable aux affaires.

II. *Du transfert des rentes sur l'Etat et des autres valeurs soumises à ce droit de transmission.*

La plupart des transactions en bourse ont pour objet des titres au porteur. Leur transmission de propriété n'est subordonnée à aucune formalité particulière. Quand il s'agit de titres nominatifs, la vente, bien que parfaite entre les parties dès que la cession a eu lieu, est insuffisante pour opérer la mutation de propriété.

Il faut alors employer une opération distincte de la cession appelée transfert. Ce transfert a lieu suivant un mode déterminé par la loi ou les statuts des Sociétés qui ont émis les titres.

Il y a plusieurs modes de transferts, suivant qu'il s'agit ou non de rentes sur l'État.

La loi du 28 floréal an VII la première, a organisé les transferts des inscriptions de la dette publique. D'après cette loi, le transfert était fait sur la simple déclaration du vendeur. Il se présentait au bureau chargé de recevoir les transferts, faisait une déclaration, et y remettait un bulletin de l'inscription qu'il entendait transférer et dont la signature était biffée en sa présence. Un bulletin lui était délivré de cette remise.

Ce mode de procéder donnait lieu à de nombreux

abus. Lors même qu'il fallait produire un certificat de propriété, rien ne garantissait l'identité du vendeur, et il en résultait des fraudes très fréquentes. C'est pour y remédier et couvrir la responsabilité du Trésor que l'arrêté du 27 prairial an X a exigé qu'un agent de change concourût au transfert, pour certifier l'identité du propriétaire transférant, ainsi que la sincérité de la signature et des pièces produites, et a rendu cet officier public, par le seul fait de sa certification, responsable de la validité du transfert (art. 15 et 16 de l'arrêté du 27 prairial an X).

La loi du 14 avril 1819 ayant créé dans chaque département un livre auxiliaire du Grand Livre de la Dette publique, une ordonnance royale rendue le même jour, en exécution de cette loi, a déclaré applicables aux agents de change des départements, les dispositions précitées de l'arrêté du 27 prairial de l'an X qui ne visaient que les agents de change de Paris.

La transmission des actions de la Banque de France s'opère par un transfert inscrit sur des registres tenus en double à cet effet. L'intervention de l'agent de change est exigée pour certifier l'individualité du propriétaire, mais elle n'est nécessaire que pour les transferts opérés par suite de négociations à la Bourse et pour les immobilisations des actions.

Cette intervention des agents de change en matière de transfert a lieu non seulement pour les rentes sur l'État, mais aussi pour les titres de la plupart des sociétés financières et industrielles. La confirmation de cette attribution leur est reconnue par le décret du

7 octobre 1890 (art. 76) qui déclare également qu'ils peuvent délivrer toutes les certifications et légalisations que comporteraient les opérations diverses relatives aux valeurs mobilières.

III. *De la constatation du cours d'effets publics et autres susceptibles d'être cotés, du cours du change et des matières métalliques.*

Les agents de change, en vertu de l'art. 73 du Code de commerce et de l'art. 1er de l'Ordonnance de police du 1er thermidor de l'an IX, sont chargés de constater le cours des effets publics et autres susceptibles d'être cotés (1).

En fait, la cote officielle des cours pratiqués à chaque bourse est publiée par les soins de la chambre syndicale des agents de change (2). Elle est signée par le syndic et un adjoint ou par deux adjoints.

CHAPITRE II

DE L'ÉTENDUE DES ATTRIBUTIONS DES AGENTS DE CHANGE —
LEUR MONOPOLE

Les attributions des agents de change déterminées et leur monopole en ce qui concerne principalement les négociations d'effets publics et autres susceptibles d'être cotés, étant indiscutablement admis, il faut néanmoins

---

(1) V. aussi les décrets des 22 mai 1858 et 6 fév. 1880 relatifs à l'admission à la cote des valeurs étrangères.

(2) Art. 159 et 160 du Règlement des agents de change de Paris, de 1891.

savoir maintenir ce monopole dans de sages limites.

Ainsi le monopole des agents de change, résultant des termes de l'art. 76 du code de commerce, ne fait point obstacle au droit, appartenant à tout propriétaire d'effets publics de les vendre directement et sans aucun intermédiaire ; si ces valeurs sont vendues de gré à gré par le vendeur à l'acheteur sans aucun courtage, il n'y a réellement pas négociation.

Il est des cas cependant où la question peut offrir certaines difficultés.

I. Conflits avec les banquiers et les Etablissements de crédit.

Depuis longtemps, les banquiers et les établissements de crédit font aux agents de change une concurrence déloyale. Abusant de la tolérance à eux laissée par ces officiers ministériels, qui leur permettàient de faire pour le compte d'autrui les négociations des lettres de change ou billets et de tous papiers commerçables, négociations que l'art. 76 du code de commerce réserve à eux seuls, ils s'étaient arrogé le droit de faire aussi les négociations des effets publics et de toutes les valeurs inscrites à la cote officielle; et, cela s'entend, au grand détriment des agents de change, principalement de ceux de province. Ces derniers voyaient le public déserter de plus en plus leurs bureaux, attiré qu'il était par une réclame adroite et un luxe de décors souvent trompeur.

Et pour se disculper, sans vouloir nier au fond le monopole des agents de change, les banquiers et les établissements de crédit prétendaient du moins pouvoir appliquer entre eux les ordres de leur clientèle, se faisant contre-partie. En effet, à l'aide d'un subterfuge, ils soutenaient qu'il y avait là une vente directe; telle maison de banque, un Crédit X, recevant un ordre de vente d'un de ses clients à un prix déterminé, au cours moyen de la Bourse du lendemain, par exemple, et ayant déjà un ordre d'achat inverse, appliquait ces ordres entre eux.

Sous l'apparence d'une seule opération, il y a au fond deux opérations bien distinctes, la maison de banque s'étant interposée entre l'acheteur et le vendeur et, n'étant somme toute qu'un simple intermédiaire, ne se faisant pas faute d'ailleurs de prélever un courtage des deux côtés.

C'est donc très justement que la Cour de cassation avait considéré comme un acte d'immixtion dans les fonctions d'agent de change, le fait, par un banquier, de vendre par voie d'application à un de ses clients, dont il reçoit un ordre d'achat, des valeurs qu'il a en portefeuille ou *à fortiori* qu'il est chargé de vendre, parce que dans ce cas il y a en réalité transmission d'une personne à une autre ne se connaissant pas, et dès lors véritable négociation. Si la jurisprudence refuse aux banquiers le droit de faire la contre-partie des opérations de leurs donneurs d'ordre, même s'il s'agit de valeurs non inscrites à la cote officielle ([1]), à plus forte

---

([1]) *Contrà :* Cour de Paris, 16 juin 1900. *Le Droit*, du 28 juillet 1900. Article de M. Albert Dreyfus : *Cote de la Bourse et de la Banque*, du 21 août 1900.

raison ces opérations leur sont-elles interdites pour les valeurs se négociant au parquet.

Suivant les espèces, la question avait pu présenter des difficultés, mais la loi de finances de 1898 est venue mettre fin aux scandaleux abus auxquels se livraient à Paris comme en province les grands établissements financiers. Désormais, le bordereau de l'agent de change étant nécessaire pour toute négociation faite par l'entremise de ces établissements, en principe, le monopole de l'agent de change est sauvegardé.

II. *Conflits avec les trésoriers payeurs généraux.*

Si par une autorisation ministérielle, les trésoriers payeurs généraux obtenaient la faculté de se charger d'opérer, moyennant commission, des achats et ventes au comptant de valeurs françaises pour leur clientèle, cette autorisation ne pourrait leur être donnée que sous réserve des droits des tiers.

Il a été jugé, en effet, par un arrêt du conseil d'État du 21 mai 1867 ('), qu'une autorisation de cette nature ne ferait pas obstacle à ce que les agents de change se prétendant lésés dans leurs privilèges poursuivissent cette contravention devant l'autorité judiciaire.

En fait, il est admis que les trésoreries générales peuvent être chargées de délivrer à l'émission des valeurs françaises (rentes, obligations du Crédit foncier) garanties par l'État. Elles les délivrent à leurs guichets moyennant une contribution légère.

('') D., 1868. 3. 81.

Mais il a été jugé que le fait, par les trésoriers payeurs généraux, de transmettre à un agent de change d'une autre place, celle de Paris par exemple, pour le compte de tiers, des ordres d'achats ou de ventes de valeurs françaises ne constitue pas une atteinte au privilège des agents de change de la localité. Aussi est-il d'usage presque courant, que les trésoriers-payeurs généraux transmettent les ordres de leur clientèle à la chambre syndicale des agents de change de Paris. Une indemnité annuelle est allouée par celle-ci aux agents de change des départements, au prorata des affaires qui leur sont ainsi enlevées.

III. *Conflits avec les notaires.*

La détermination du monopole des agents de change a aussi amené des conflits entre ces officiers publics et les notaires, ceux de Paris principalement.

Les agents de change ont-ils le droit exclusif de faire tous les achats ou ventes de valeurs susceptibles d'être cotés, ou leur privilège est-il restreint au cas de négociation de ces valeurs à la Bourse ? — La question a été soulevée par la Chambre des notaires de Paris, qui soutenait que le privilège des agents de change n'existait point, lorsqu'il s'agissait d'une vente judiciaire d'effets publics appartenant à une succession bénéficiaire, à des mineurs ou autres incapables ; ces ventes pouvaient, à son avis, être faites aux enchères par les notaires dans leurs études.

Trois arrêts successifs de la Cour d'appel de Paris

avaient reconnu dans ce cas le privilège exclusif des agents de change ([1]). Mais la Cour suprême, par un arrêt du 7 décembre 1853, a décidé : que le privilège n'existait que lorsqu'il y avait lieu de procéder par voie de négociation, d'agents de change à agents de change, entre parties devant rester inconnues ; et qu'on ne pouvait assimiler à ces négociations les ventes devant être faites aux enchères publiques et avec des formes prescrites par la loi. Il appartenait donc au juge de désigner l'officier public auquel il lui semblait opportun de commettre le soin de cette vente.

Depuis cet arrêt, la jurisprudence n'a pas varié.

Si les titres à vendre sont des valeurs cotées en bourse et donnant lieu à des opérations nombreuses, l'intérêt des incapables déterminera les tribunaux à choisir un agent de change et à édicter les précautions qui doivent être prises pour assurer la vente régulière de ces titres. Si, au contraire, les titres à vendre ne donnent lieu qu'à de rares transactions, comme les actions d'assurances et de certaines compagnies industrielles, ils seront vendus plus avantageusement aux enchères publiques, dans les études des notaires. Cette dernière forme sera également préférable dans le cas de vente de nue-propriété ou d'usufruit de rentes ou d'autres valeurs.

Mais, en ce qui concerne l'aliénation des valeurs appartenant à des mineurs ou à des interdits, l'art. 3 de la loi du 28 février 1880 est venu déclarer que les

[1] Arrêt des 30 mai, 11 juillet et 2 août 1851, S., 51. 2. 508. 511. 512.

agents de change sont seuls compétents pour opérer les négociations de valeurs négociables à la bourse. La négociation doit avoir lieu au cours moyen du jour.

L'art. 8 de la loi du 27 février 1880 dit qu'il doit en être de même, si ces valeurs appartiennent aux mineurs ou aliénés placés sous la tutelle, soit de l'administration de l'Assistance publique, soit des administrations hospitalières.

Et le décret du 7 octobre 1890 (art. 70 s.) détermine les formes qui doivent être employées par les agents de change pour les négociations judiciaires ou forcées. L'art. 70 est ainsi conçu : « Lorsqu'un agent de change est commis par justice à l'effet de négocier des valeurs, il doit faire apposer, 24 heures au moins avant la négociation, une affiche signée de lui dans l'intérieur de la Bourse, dans ses bureaux ou dans tout autre endroit désigné par le juge.

» Cette affiche indique la nature des valeurs à négocier, leurs quantités, la décision en vertu de laquelle la négociation est effectuée, le nom de l'agent de change chargé de la négociation et les jours auxquels cette négociation aura lieu.

» Pour les valeurs ne figurant pas à la partie officielle de la cote, des enchères sont ouvertes et reçues avec faculté de surenchère pendant les délais et sous les conditions déterminés par la chambre syndicale, ou, s'il n'y a pas de chambre syndicale, par le tribunal de commerce.

» La chambre syndicale ou, s'il n'y a pas de chambre syndicale, le tribunal de commerce peut toujours décider que cette procédure sera appliquée, même à des valeurs figurant à la partie officielle de la cote ».

L'observation de ces formalités semble, on le voit, absolument respecter les droits de protection des incapables et éviter les effets regrettables d'une vente trop rapide, qui, si elle s'effectuait sur une valeur ayant un marché étroit et comportait de plus un grand nombre de titres, pourrait être faite au-dessous de leur valeur réelle.

Mais ces précautions prises, pourquoi les enchères ne seraient-elles pas aussi bien reçues par les agents de change que par les notaires, comment le public ne serait-il pas aussi bien mis à même de connaître la vente ?

Dans les quelques pages qui précèdent, nous avons cherché à délimiter nettement les attributions des agents de change, l'étendue de leur monopole.

Que décider cependant s'il n'existe aucun agent officiel dans la ville où se tient le marché libre ? Il faut l'avouer, les circonstances sont extrêmement atténuantes. La jurisprudence elle-même hésite ; cependant il est impossible de faire fléchir la loi. L'interdiction faite aux particuliers d'exécuter des opérations réservées aux agents de change est générale et ne comporte aucune distinction.

Il en résultera, dans l'hypothèse que nous prévoyons, une incommodité, mais cette incommodité n'est pas une impossibilité ; et il ne suffit pas que la loi gêne pour qu'on soit autorisé à la laisser de côté.

CHAPITRE III

Les diverses opérations dont nous avons parlé plus haut constituent un monopole au profit des agents de change. Ce monopole a une sanction résultant d'anciens règlements et arrêts encore aujourd'hui en vigueur (arrêt du 26 nov. 1781, art. 13 (¹), loi du 28 ventôse an IX). Aux termes de l'art. 8 de cette loi les contrevenants doivent être frappés du douzième au sixième du cautionnement des agents de change de la place. L'arrêté du 27 prairial an X reproduit les dispositions des arrêts de 1781 de ventôse an IX, il supprime simplement les punitions corporelles. Il déclare de plus que toutes négociations faites par des intermédiaires sans qualité sont nulles.

Le monopole des agents de change a donc deux sanctions différentes que nous étudierons séparément : une sanction pénale pour faire punir les contrevenants et indemniser les agents de change du dommage causé, une sanction civile annulant les négociations faites par des intermédiaires sans qualité.

I. *Sanction pénale.*

Le délit d'immixtion dans les fonctions d'agent de change peut être poursuivi, soit directement par le mi-

(¹) Une amende de 3.000 francs, en cas de récidive une punition corporelle, la nullité des négociations opérées.

nistère public sans intervention des agents de change, soit au contraire par ces derniers agissant comme partie civile.

La loi de ventôse an IX ayant fixé le maximum de l'amende au sixième du cautionnement, on s'est demandé si l'augmentation du cautionnement, porté pour Paris à 250.000 francs par la loi du 2 juillet 1862, pouvait faire augmenter la peine dans les mêmes proportions.

La jurisprudence de la Cour de cassation et quelques auteurs, entre autres M. Boistel, soutiennent l'affirmative. D'après eux, la majoration du cautionnement étant la conséquence de l'importance croissante des fonctions, l'amende devait être augmentée d'autant, le dommage étant plus considérable.

Cette opinion serait pleinement logique, mais la plupart des auteurs ne peuvent se résoudre à accepter ainsi ce qu'ils considèrent comme la violation des règles les plus élémentaires du droit criminel. Une intervention législative serait nécessaire, d'après eux, sur ce point, pour créer une pénalité nouvelle.

En outre de cette amende fixe, la chambre syndicale pourrait demander tels dommages-intérêts que de droit.

D'après la jurisprudence, l'art. 463 du code pénal n'est pas applicable en cette matière.

Il pourra être prononcé autant d'amendes qu'il y aura de délinquants.

II. *Sanction civile.*

Elle consiste dans la nullité des négociations faites par des intermédiaires sans qualité, ne pouvant représenter les bordereaux d'agents de change mentionnant les négociations faites par eux ([1]).

Cette nullité a été souvent invoquée à la suite de procès entre particuliers et ces intermédiaires, pour le règlement des négociations faites par ces derniers.

Le principe est bien certain : Le client s'adressant à un intermédiaire autre qu'un agent de change, pour l'achat ou la vente de valeurs inscrites à la cote officielle, peut se refuser à l'exécution de ces ordres s'il ne lui est pas produit un bordereau d'agent de change constatant l'opération ordonnée par lui (Cassation, arrêt du 29 mai 1883).

Mais si le mandant a payé, peut-on lui permettre d'exercer l'action en répétition des sommes par lui versées à son mandataire ou des titres livrés, et ce pendant trente ans ? — L'étude de la jurisprudence révèle les trois systèmes adoptés successivement par elle.

Le premier admet l'action en répétition, même après un règlement définitif ([2]). Il y a un intérêt social à ce que le prix d'un acte illicite ne reste pas entre les mains de son auteur, que la menace de la répétition pèse sur ceux qui ont pris part à un délit ou à une convention illicite (art. 1131, 1235, 1376 du code civil).

La jurisprudence n'a pas persévéré dans ce système qui, en accordant pendant trente ans le droit de répéter les sommes librement versées, troublait le crédit public

[1] M. Salzédo seul soutient la validité de ces négociations dans son intéressant ouvrage : *La Coulisse et la jurisprudence*, passim.
[2] Toulouse, 2 août 1882. — Lyon, 19 juin 1885, D., 85. 2. 185. — Bordeaux, 29 juillet 1886.

et risquait de causer dans le marché financier une perturbation profonde. Les raisons juridiques ont cédé le pas aux nécessités économiques.

Le second système, adopté par une certaine jurisprudence (¹), a soutenu au contraire, que l'action en répétition n'est plus recevable lorsqu'il est démontré que le client a expressément ratifié, en connaissance de cause, le mode d'exécution de l'opération.

Ce système se base sur les termes de l'art. 1338 du code civil. Cet article déclare bien en effet « que la confirmation, ratification ou exécution volontaire emporte la renonciation aux moyens et exceptions que l'on pouvait opposer contre cet acte ». Mais la jurisprudence elle-même n'a pas persévéré dans ce système, en reconnaissant la base fragile. Pour qu'une nullité d'ordre public puisse être couverte, il est indispensable que la cause l'ayant produite ait cessé au moment de la ratification. ›

Le troisième système, auquel s'est ralliée la Cour de cassation (²), aboutit au même but : l'irrecevabilité de l'action en répétition n'est plus fondée sur la ratification, mais sur un refus absolu d'action, édicté par des textes spéciaux (³).

Des auteurs critiquent cette opinion, très peu juridi-

(¹) Trib. com. Seine, 25 nov. 1884, *Journal des valeurs mobilières,* 1885, p. 522. — Paris, 19 déc. 1884, *Journ. des val. mob.,* 1885, p. 125. — Paris, 11 janv. 1886, D., 86. 2. 201.

(²) Cass., 22 avril 1885, D., 85. 1. 273. — Cass., 30 juillet 1891, D., 93. 1. 294. — Cass., 8 fév. 1897. — Cass., 31 mars 1897.

(³) Arrêt du conseil du 24 sept. 1724 ; arrêt du 27 prairial an X (art. 17 et 18).

que peut-être, de la Cour de cassation, elle marque la dernière étape de la jurisprudence sur la matière.

CHAPITRE IV

DES OBLIGATIONS DES AGENTS DE CHANGE

Si les agents de change ont un monopole et des sanctions pour le défendre, ils ont, par contre, des devoirs à remplir. Ce sont des officiers publics, institués dans l'intérêt même du public, tenus de se conformer soit à des obligations proprement dites qui leur sont prescrites, soit à des prohibitions qui leur sont faites.

I. *Obligations prescrites aux agents de change.*

Les obligations prescrites aux agents de change sont : 1° de prêter leur ministère lorsqu'ils en sont requis ; 2° de garder le secret à leurs clients ; 3° de leur remettre un bordereau des opérations faites pour eux ; 4° de transcrire leurs opérations ; 5° de délivrer des récépissés à leurs clients.

1° *Obligation de prêter leur ministère.* — C'est une conséquence de leur monopole ; ils doivent prêter leur ministère toutes les fois qu'ils en sont requis pour une négociation licite. En cas de refus de l'un d'eux de se charger d'une opération régulière, il pourrait être porté plainte devant la chambre syndicale dont l'agent est justiciable (¹) (arrêt du 29 germinal an X, art. 16).

(¹) Voir dans notre étude sur les *Responsabilité des agents de change*, l'étendue de cette obligation, 2e partie, section I, ch. I.

2° *Obligation de garder le secret.* — C'est là un de leurs ·devoirs professionnels le plus rigoureusement imposés. Ils doivent taire le nom des personnes pour lesquelles sont faites les négociations dont ils sont chargés.

Cette obligation se trouve édictée dans tous les anciens documents législatifs relatifs à ces officiers publics ('). L'arrêté du 27 prairial de l'an X la reproduit. Les dispositions trop rigoureuses du passé ont disparu, mais l'art. 29 n'en contient pas moins cette obligation du secret : « Les agents de change devront garder le secret le plus inviolable aux personnes qui les auront chargés de négociations, à moins que les parties ne consentent à être nommées ou que la nature de l'opération ne l'exige ».

Le décret de 1890, art. 40 la reproduit en termes à peu près semblables. Le secret et le secret le plus absolu est, en effet, la condition indispensable des opérations de bourse, celle sans laquelle il n'y a pas de marché financier possible. Ce marché comporte des combinaisons, vit même de combinaisons pour lesquelles le mystère est chose nécessaire ; si l'on supprimait ce mystère, les spéculations deviendraient très difficiles, impossibles même ; l'activité du marché s'arrêterait pour ainsi dire instantanément.

Cette obligation du secret imposée à l'agent de change offrait cependant, surtout avant la loi du 1ᵉʳ août 1893, d'assez nombreux inconvénients, lorsque des recours

(¹) Règlements d'octobre 1706, de 1720, art. 4, arrêt du Conseil de 1724, art. 6.

étaient exercés par les souscripteurs ou cessionnaires d'actions non entièrement libérées mises au porteur, auxquels on réclamait des versements complémentaires.

En effet, d'après l'art. 3 de la loi du 24 juillet 1867, il pouvait être stipulé, mais seulement par les statuts constitutifs de la Société, que les actions ou coupures pourraient, après avoir été libérées de moitié, être converties en actions au porteur, par délibération de l'Assemblée générale. M. Lyon-Caen, dans une note sous l'arrêt de la cour de Lyon, du 3 juillet 1883 [1], soutenait que pour l'exercice de ces recours les agents de change devaient être tenus de faire connaître les clients au nom desquels ils avaient vendu.

Pour les Sociétés nouvelles, cet inconvénient ne pourra se présenter. Les actions doivent être nominatives jusqu'à leur entière libération (Loi du 1er août 1893 portant modification de la loi du 24 juillet 1867 sur les sociétés par actions).

Pour les Sociétés par actions en commandite ou anonymes qui existaient avant la loi de 1893, il n'a pas été dérogé à la faculté qu'elles pouvaient avoir de convertir leurs actions en titres au porteur, avant leur libération intégrale, dans les conditions prévues à l'ancien art. 3 de la loi du 24 juillet 1867.

Mais soit d'ailleurs que les actions restent nominatives, soit qu'elles aient été converties en actions au porteur, les souscripteurs primitifs ayant aliéné leurs

[1] S., 83. 2. 193.

titres, comme ceux auxquels ils les ont cédés, cessent d'être tenus du paiement du solde non appelé, au bout d'un délai de deux ans, après la délibération de l'assemblée générale ayant autorisé la conversion en titres au porteur.

Bien peu de Sociétés se négociant à la cote officielle se trouvent encore dans ce cas ; mais si, néanmoins, le cas se présentait, il semble en effet que l'obligation du secret imposée à l'agent de change devrait recevoir une dérogation ; l'art. 40 du décret de 1890 ne porte t-il pas : « Les agents de change doivent garder le secret le plus inviolable aux personnes qui les chargent de négociations, à moins que les parties ne consentent à être nommées, *ou que la nature de l'opération ne l'exige* » ?

La solution contraire nous semblerait porter atteinte aux droits les plus respectables ; et nous reconnaissons la portée des arguments présentés par M. Lyon-Caen. Les droits des cédants, de se retourner contre leurs cessionnaires, pour arriver au détenteur actuel du titre, sont incontestables. L'obligation imposée aux agents de change dans l'intérêt du public ne peut se retourner contre lui. Quels que soient donc les inconvénients nombreux présentés par ces recours successifs contre tous les détenteurs des titres pour arriver à connaître le détenteur actuel, cette solution peut paraître la seule justete conforme aux intérêts du public ([1]).

3° *Obligation de remettre les bordereaux.* — Chaque agent de change doit remettre à son client un borde-

---

([1]) *Contra* Crépon, ouvrage cité, p. 269 s.

reau signé de lui, constatant l'exécution de l'opération dont il a été chargé.

4° *Obligation d'inscrire leurs opérations sur un livre-journal.* — Cette obligation est imposée aux agents de change par l'art. 84 du code de commerce. Elle est la reproduction de l'art. 11 de l'arrêté du 27 prairial an X, qui décidait en outre que les opérations seraient consignées sur des carnets, pour être ensuite transcrites sur le livre-journal. Bien que cette dernière prescription n'ait pas été reproduite par le code de commerce, la tenue du carnet a été maintenue dans la pratique.

En vertu des dispositions de l'art. 11 de l'arrêté du 27 prairial an X et des art. 14 et 15 du code de commerce, les agents de change peuvent être tenus de communiquer leurs registres aux juges et aux arbitres.

5° *Obligation de délivrer des récépissés.* — Cette prescription, édictée par l'art. 11 de l'arrêté du 27 prairial an X, a été renouvelée d'une manière expresse par le décret du 1er octobre 1862, art. 6. Mais elle a été souvent violée par les agents de change de Paris qui se faisaient en quelque sorte un point d'honneur de ne pas s'y soumettre. L'art. 42 du décret de 1890 a renouvelé cette obligation.

II. *Défenses faites aux agents de change.*

Il est défendu aux agents de change : 1° de faire aucune opération pour leur compte ; 2° de s'associer entre eux ; 3° de se faire représenter par des délégués ; 4° de faire des négociations ailleurs qu'à la bourse.

1° *Défense de faire des opérations pour leur compte.*
— Cette prohibition est nécessaire à leur considération. Le but de cette défense est de les empêcher de
se livrer à des opérations aléatoires, qui pourraient
avoir pour conséquences de diminuer les garanties que
les clients doivent trouver dans leur solvabilité personnelle. L'art. 85 du code de commerce leur interdit également de s'intéresser directement ou indirectement dans
aucune entreprise commerciale ou industrielle, sous une
autre forme que celle de la commandite simple. Mais
la loi n'a pas voulu défendre aux agents de change de
placer leurs capitaux en actions de sociétés commerciales ou en valeurs de bourse.

2° *Défense de s'associer entre eux.* — Si la loi de
1862 a autorisé la mise en société des charges, elle a
maintenu la défense faite aux agents de change, par l'art.
10 de l'arrêté du 27 prairial an X, de s'associer entre
eux. En agissant ainsi, ils pourraient se rendre entièrement maîtres du marché et imposer à leurs clients
des conditions trop onéreuses ([1]).

3° *Défense d'avoir des délégués.* — Aux termes de
l'art. 7 du décret du 1er octobre 1862, il est interdit
aux agents de change d'avoir, soit en France sur une
place autre que celle pour laquelle ils ont été nommés,
soit à l'étranger des délégués chargés de les représenter ou de leur transmettre directement des ordres.
Cette obligation, édictée principalement dans l'intérêt

([1]) En Angleterre, l'association entre les membres du Stock-Exchange
est permise, sauf néanmoins entre brokers et jobbers (V. Législation
anglaise).

des agents de province, est souvent violée. En fait, est-elle bien utile? Nous ne voyons pas en quoi elle pourrait porter atteinte à la sécurité des transactions et à la solvabilité des agents de change. La présence de délégués à l'étranger serait au contraire, pour les agents de change, très utile au développement des affaires.

4° *Défense de faire des négociations ailleurs qu'à la Bourse.* — Cette défense est édictée par l'art. 3 de l'arrêté du 27 prairial an X, et ce à peine de destitution et de nullité des opérations faites par eux, *et aussi en dehors des heures légales.* Cette prohibition est très ancienne, elle se comprend d'elle-même, elle est nécessaire pour assurer la sincérité des cours.

L'usage des opérations faites après la bourse se maintient cependant à la bourse de Paris dans certains groupes : les groupes du Rio et de l'Extérieure, notamment. Si les cours d'après bourse ne sont pas cotés, les opérations n'en sont pas moins exécutées par les commis des agents de change, dépouillées sous leur responsabilité. Il y a là une violation flagrante de la loi. La chambre syndicale devrait avoir à cœur, pour sa propre considération, de faire cesser cet état de choses tout à fait illégal.

CHAPITRE V

DES OBLIGATIONS DES AGENTS DE CHANGE ENVERS LE FISC

Si les agents de change n'interviennent pas directement dans la perception des impôts sur le timbre, sur le droit de transmission, dans celle de la taxe sur le revenu dont la perception est recouvrée *de plano* par le Trésor contre les sociétés elles-mêmes, ils n'en sont pas moins devenus, depuis la loi du 28 avril 1893, de véritables percepteurs d'impôts tenus à des obligations minutieuses et responsables envers le fisc du recouvrement de ceux-ci.

Tous les intermédiaires de valeurs mobilières sont tenus de ces mêmes obligations, pour la perception des impôts sur les négociations de valeurs non inscrites à la cote officielle.

Mais c'est contre l'agent de change seul que le Trésor peut recourir, pour le recouvrement de l'impôt perçu sur les négociations portant sur des valeurs inscrites à la cote officielle (art. 14 de la loi des 13-14 avril portant fixation du budget général des dépenses et des recettes de l'exercice 1898).

Donc, aux trois impôts bien distincts qui frappaient les valeurs mobilières, la loi de finances du 28 avril 1893 est venue ajouter l'impôt sur les opérations de bourse, exigible lors de la négociation de ces valeurs, dans lesquelles sont comprises les rentes sur l'Etat et les autres valeurs négociables du Trésor. Cet impôt sur les opérations de bourse est un impôt de superposition venant s'ajouter, sous cette forme particulière, au droit de transmission affectant la mutation elle-même.

Les agents de change jouent, dans la perception de l'impôt sur les opérations de bourse, un rôle très caractéristique qui mérite d'être examiné.

Cet impôt atteint toutes les négociations de valeurs de bourse, soit que les opérations aient pour objet l'achat ou la vente de ces valeurs au comptant soit qu'elles soient traitées à terme (¹).

Fixé sans distinction, quant à la nature des titres négociés, à 5 centimes par 1.000 francs ou fraction de 1.000 francs du montant de l'opération, calculé d'après le taux de la négociation, pour les opérations autres que celles de report, et à 2 centimes et demi pour celles-ci, le taux de l'impôt a été réduit des trois quarts pour les négociations portant sur les rentes françaises, à partir du 1ᵉʳ janvier 1896, par la loi de finances du 29 décembre 1895, soit 1 centime et quart et 6 dixièmes de centime et quart par 1.000 fr. de la valeur négociée.

Les agents de change doivent, aux termes de l'art. 30 de la loi du 28 avril 1893, tenir un répertoire visé et paraphé par le président ou par l'un des juges du tribunal de commerce, sur lequel ils doivent inscrire chaque opération jour par jour, sans blanc ni interligne et par ordre de numéros (²).

La perception de l'impôt s'effectue au vu d'extraits de ce répertoire, déposés périodiquement au bureau désigné par l'Administration. Ces extraits mentionnent, indépendamment du numéro du répertoire, la date et le montant des opérations.

(¹) L'impôt sur les opérations de bourse atteint exclusivement la négociation des titres, négociation indépendante du règlement de compte qui intervient entre l'agent et son client. Les mentions libératives inscrites sur les bordereaux ne sont pas couvertes par la taxe nouvelle. Par suite les décharges de titres ou quittances de sommes, renfermées dans les bordereaux, demeurent passibles du droit de timbre de 10 centimes édicté par l'art. 18 de la loi du 23 août 1871.

(²) Pour les détails cf. l'art. 2 du décret du 20 mai 1893.

Sans être très lourd, l'impôt sur les opérations de bourse est très productif pour le fisc. La perception doit en être régulière; l'agent de change, officier public, pourra l'assurer mieux que tout autre.

Cet impôt sur les opérations de bourse est le seul impôt sur les valeurs mobilières, s'appliquant uniformément aux valeurs françaises et étrangères.

Nous examinerons plus loin, dans notre étude sur les Responsabilités des agents de change, les responsabilités spéciales qu'ils peuvent encourir envers le fisc pour perception irrégulière de cet impôt.

Comme tous intermédiaires, ils peuvent encourir, dans certains cas, une responsabilité envers celui-ci, pour s'être prêtés à la négociation de valeurs étrangères, qui ne se seraient pas conformées aux dispositions de la loi fiscale française. (Titres non timbrés.)

SECTION II

DE LA CHAMBRE SYNDICALE DES AGENTS DE CHANGE DE PARIS,
GARDIENNE DU MARCHÉ FINANCIER

La Chambre syndicale des agents de change de Paris a remplacé l'ancien syndicat institué par l'arrêt du conseil de décembre 1638. Ce syndicat, détruit avec toutes les corporations, avait été rétabli par l'arrêté du 29 germinal an IX.

Ainsi que l'indique l'arrêt de 1638, deux courtiers de la compagnie devaient être choisis pour « tenir la main à faire exécuter entre les dits courtiers le plus fidèlement et exactement que faire se pourra, le règlement qui en suit ». Cet arrêt contenait encore certaines prescriptions imposées aux agents de change, en ce qui concerne la tenue des livres et le taux des courtages. Il créait une bourse commune et en déterminait les recettes.

L'ordonnance de police du 1er thermidor de l'an IX donna au syndicat des agents de change, la mission de surveiller la cote des effets publics et d'en arrêter le cours; et l'arrêté du 27 prairial de l'an X lui confirma ce pouvoir.

Avec l'ordonnance royale du 29 mai 1816 le syndicat

des agents de change prend le nom de chambre syndicale, nom qu'il a conservé jusqu'à nos jours à travers des changements nombreux de composition.

Un décret du 29 juin 1898, modifiant l'art. 17 du décret du 7 octobre 1890, détermine actuellement les conditions dans lesquelles est constituée la chambre syndicale des agents de change de Paris ([1]).

Les pouvoirs de la chambre syndicale des agents de change sont de différentes natures; ils ont tous une grande importance. A ce titre, elle est, on peut le dire : la *gardienne du marché financier*.

Les pouvoirs de la chambre syndicale doivent être envisagés sous deux chefs principaux.

Dans un premier chapitre, nous examinerons les pouvoirs qu'elle a sur les membres de la compagnie et sur la direction des charges.

Dans un second chapitre, nous étudierons ses droits sur la confection de la cote officielle.

CHAPITRE PREMIER

POUVOIRS DE LA CHAMBRE SYNDICALE SUR LES MEMBRES DE LA COMPAGNIE

Les pouvoirs de la chambre syndicale sur les membres de la compagnie peuvent être étudiés en ce qui concerne : 1° le recrutement, l'admission des nouveaux agents; 2° la surveillance des membres en exercice.

[1] 1 syndic et 8 adjoints.

I. *Recrutement des agents de change.*

Ainsi que le déclare expressément l'art. 3 § 3 du décret de 1890, la chambre syndicale doit veiller, tout spécialement, sur l'entrée des nouveaux membres dans la compagnie. Et c'est pour elle une obligation très sévère, très minutieuse.

Elle doit chercher à recueillir sur les candidats, tous les renseignements nécessaires au point de vue de leur moralité et aussi de leur aptitude professionnelle. En présentant les candidats à l'agrément du ministre des finances, elle les cautionne en quelque sorte et elle doit d'ailleurs produire son adhésion motivée.

Il est inutile, semble-t-il, d'insister sur l'importance de cette enquête très minutieuse que la chambre syndicale a mission de faire sur les candidats aux charges et sur les garanties offertes ainsi au public ; il est bon néanmoins de les établir.

Le candidat doit avoir, pendant un certain temps, travaillé dans une banque, chez un agent de change ou un notaire ([1]) ; connaître enfin par la pratique les fonctions qu'il va être appelé à remplir.

Au point de vue de la moralité, la loi détermine quelques cas pouvant empêcher l'admission, mais ils ne sont pas limitatifs et la chambre syndicale peut s'entourer de tous les renseignements qu'il lui plairait de rechercher pour établir son jugement.

S'il ne faut point prendre trop à la lettre cette obligation de la chambre syndicale et établir contre elle

([1]) Art. 3, § 1 du décret de 1890.

une faute pouvant établir sa responsabilité, chaque fois que sa confiance aura été trompée, il ne faudrait point croire que cette obligation est une pure formalité établissant une simple responsabilité morale.

Sans examiner des cas particuliers, établissons le principe d'après lequel la chambre syndicale, si elle avait présenté à l'agrément du ministre des finances, un candidat qui était par son passé notoirement en dehors des conditions de moralité et d'aptitudes nécessaires pour être un agent de change digne de ce nom, serait pécuniairement responsable envers ceux qui auraient été ainsi trompés par son approbation et seraient devenus les victimes de l'incapacité ou de la malhonnêteté de cet agent. Ils auraient un recours contre elle et pourraient lui demander compte de ce manquement à ses devoirs.

Actes de Sociétés des charges. — Il faut également poser ce principe de responsabilité de la chambre syndicale pour ce qui a trait à l'obligation à elle imposée, d'examiner soigneusement les actes de sociétés formées entre les titulaires et les bailleurs de fonds ; sociétés permises près les Bourses pourvues d'un parquet par la loi du 2 juillet 1862, mais sous certaines conditions.

Le capital social de la charge doit être entièrement versé. Le titulaire doit être propriétaire, en son nom personnel, du quart au moins de la somme représentant le prix de l'office et du cautionnement (¹). A Paris,

(¹) Art. 75 du Code de commerce. Loi du 2 juillet 1862.

ces sommes sont très élevées et cette obligation imposée par la loi peut-elle être qualifiée d'anti-démocrati-
que? On ne peut le nier. Comme les prescriptions de
la loi sont formelles s'il existe des sous-seings privés
passés entre le candidat et ses prêteurs, ils ne peuvent,
en aucun cas, porter atteinte aux droits des tiers,
créanciers de la charge.

Les prescriptions légales seront ainsi maintenues.
Elles sont très sages et il est de toute importance de
ne pas faire de l'agent de change un commis d'une
association de capitaux quelconque; sa fortune personnelle doit garantir le public contre sa gestion impru-
dente ou malhonnête.

La chambre syndicale doit aussi vérifier les conditions de la cession de l'office et le traité passé avec le
titulaire démissionnaire. Elle doit, dans la mesure du
possible, veiller à ce qu'il ne soit fait au cédant aucun
avantage pouvant établir des obligations pour la société
nouvelle, en dehors de ceux mentionnés à l'acte.

II. *Surveillance de la chambre syndicale sur la gestion des charges.*

Ces pouvoirs de la chambre syndicale seraient relativement de peu d'importance, si elle n'avait encore la
mission de s'assurer que les agents de change remplissent strictement les obligations imposées par la loi et
ne violent pas les prohibitions légales.

Il est de son devoir le plus strict de les rappeler à
l'accomplissement ponctuel de leurs fonctions; et de-

puis l'ordonnance du 20 mai 1816, la chambre syndicale des agents de change a sur ses membres un pouvoir disciplinaire bien établi et indubitable, reconnu seulement aux chambres syndicales existant près les Bourses des départements par le décret du 7 octobre 1890.

Toutes les chambres syndicales des agents de change peuvent donc appliquer aux membres de leur compagnie les peines portées à l'art. 23 de ce décret.

Cet article est ainsi conçu : « La chambre syndicale peut, suivant la gravité des cas, soit d'office, soit sur l'initiative du syndic ou d'un de ses membres, soit sur une plainte, blâmer les membres de la compagnie, les censurer, leur interdire l'entrée de la Bourse pendant une durée qui ne peut excéder un mois, et provoquer leur suspension ou leur destitution.

» La suspension est prononcée par arrêté du ministre des finances. Elle ne peut excéder deux mois. La révocation est prononcée par décret. Ces deux peines peuvent être prononcées d'office, après, toutefois, que la chambre syndicale a été appelée à émettre son avis ».

La chambre syndicale des agents de change a encore un devoir plus délicat et plus difficile à remplir : elle doit veiller sur les opérations faites par les membres de la compagnie, s'assurer de la façon dont elles sont traitées et lorsqu'elles lui paraîtront de nature à donner des inquiétudes, elle doit intervenir au plus tôt.

Il est des circonstances où la vigilance de la chambre syndicale devra être très attentive : lorsqu'il s'agira par exemple de reconstituer une charge momentanément arrêtée, à la suite de pertes et d'embarras d'argent (¹). Elle devra user de ses pouvoirs discrétionnaires pour rechercher la provenance des capitaux et s'assurer de la réalité de leur versement.

C'est, on le voit, un pouvoir de protection pour les intérêts confiés aux agents de change, pouvoir très utile pour le public, mais qui lui était bien dû. Se trouvant dans l'obligation de s'adresser à des intermédiaires imposés par la loi, il doit trouver chez eux, pour ses transactions, la sécurité la plus complète.

Les agents de change, dans le milieu où ils opèrent, sont soumis à des excitations qui pourraient les porter soit à entreprendre pour eux-mêmes des opérations aléatoires, soit à engager leur responsabilité pour des chiffres excessifs, dans des spéculations où ils ne sont qu'intermédiaires.

Dans ce but l'art. 19 du règlement de 1870 de la chambre syndicale de Paris décidait déjà que :

« La chambre syndicale devant veiller à la sûreté de la Compagnie et à celle de chacun de ses membres, mande aussi devant elle tout agent de change dont les opérations donneraient des inquiétudes à la compagnie, pour s'assurer s'il a pris toutes les précautions nécessaires pour l'exécution de ses engagements.

» Elle exige de lui à cet égard les garanties qu'elle juge indispensables, même le dépôt de valeurs dans la caisse de la chambre syndicale.

» Toutes les fois que cet examen est requis par trois membres de la chambre ou par dix agents de change, la chambre syndicale ne peut s'y refuser ».

(¹) Crépon, *op. cit.*, p. 327. Affaire Meyragues.

Ces mesures protectrices prises par la chambre syndicale sont actuellement justifiées non seulement par la solidarité existant entre tous les agents de change de Paris depuis les décrets de 1898, mais aussi par ce fait que le nombre de ceux-ci étant relativement restreint, la déconfiture de quelques-uns pourrait amener une perturbation générale sur le marché financier et entraîner des ruines épouvantables.

Si investie d'un pareil mandat la chambre syndicale négligeait de le remplir ; si armée d'un pouvoir discrétionnaire, elle omettait de l'employer à défendre l'intérêt général ; si elle n'intervenait pas lorsque les opérations faites par un agent de change sont de nature à donner des inquiétudes, elle manquerait à ses devoirs et pécuniairement même sa responsabilité pourrait être engagée.

Comme nous le disions plus haut, nous posons ici simplement des principes. C'est aux tribunaux qu'il appartiendra d'apprécier les faits et d'examiner les conditions nécessaires pour engager envers les tiers la responsabilité de la chambre syndicale.

La loi de 1885 a rendu beaucoup plus indispensable cette surveillance de la chambre syndicale sur la gestion des charges.

Avant cette loi, l'exception de jeu, toujours suspendue sur les marchés à terme, pouvait en effet être un frein assez sérieux pour quelques agents de change et les retenir de conclure pour leurs clients des opérations par trop considérables et disproportionnées avec la fortune de ceux-ci.

CHAPITRE II

ÉTABLISSEMENT DE LA COTE. — INSCRIPTION DES VALEURS AU COURS
OFFICIEL DE LA BOURSE

La chambre syndicale des agents de change est, à
un certain point de vue, absolument maîtresse de la
cote. Elle peut accorder ou refuser l'inscription des
valeurs, selon son bon plaisir, sous trois exceptions toutefois : les fonds publics français sont inscrits de droit
à la cote officielle, elle ne peut permettre la cotation
et, par suite, la négociation d'actions de sociétés françaises constituées contrairement aux dispositions des
lois du 24 juillet 1867 et du 1er août 1893. Elle ne peut
également accorder la cotation aux titres de sociétés
étrangères non abonnées ou n'ayant pas de représentant responsable envers le fisc.

Ces exceptions posées, son droit est absolu.

La chambre syndicale maîtresse de la cote, sous
l'autorité du ministre des finances, a tout pouvoir pour
accorder, refuser, suspendre ou interdire la négociation d'une valeur autre que les fonds d'Etat français
à la Bourse de Paris, soit au comptant, soit à terme.
Elle peut se faire remettre à cet effet toutes les pièces,
justifications et renseignements qu'elle juge nécessaires. (Règlement des agents de change, art. 155).

On ne saurait vraiment critiquer ce pouvoir de la
chambre syndicale. Chargée, sous le contrôle du
ministre des finances, de veiller à la sincérité et à la
loyauté des opérations de bourse, comprendrait-on

qu'elle ne pût refuser, suspendre ou interdire la négociation soit au comptant, soit à terme, dans le but de
prévenir des spéculations déloyales (¹)?

La cote officielle comprenait au commencement du
siècle un nombre assez restreint de valeurs.

L'ordonnance royale du 15 novembre 1823 vint lever
l'interdiction d'inscrire au bulletin officiel les emprunts contractés par les gouvernements étrangers.

Le décret impérial du 22 mai 1858 permit l'introduction des actions de sociétés étrangères, fondées pour
la création d'entreprises de toutes espèces et notamment d'entreprises de chemins de fer, il détermina
avec soin les mesures de précautions nécessaires pour
préserver notre marché menacé d'être envahi par des
titres de sociétés de toute nature et notamment par des
entreprises financières.

Les capitaux français étaient sollicités de tous côtés
par des sociétés étrangères (banques, sociétés minières ou industrielles), dont il était souvent difficile d'apprécier l'exacte situation.

Il y avait là souvent pour notre épargne un réel danger auquel dans une certaine mesure se sont efforcés
de pallier les décrets des 6-8 février 1880.

Ces décrets confirment le pouvoir absolu de la chambre syndicale sur l'admission à la cote officielle des ti-

---

(¹) De plus, d'après la loi du 1er décembre 1893 : « Les actions admises à la
cote ne peuvent être de moins de 25 fr., lorsque le capital des entreprises
n'excède pas 200.000 fr., ni de moins de 100 fr., si le capital est supérieur
à 200.000 fr. Elles doivent être libérées de 25 fr., lorsqu'elles sont infé-
rieures à 100 fr. et au moins jusqu'à concurrence du quart lorsqu'elles
sont supérieures à 100 fr. » (Titres étrangers).

tres de sociétés étrangères, mais ils déterminent les
pièces et justifications qu'elle doit exiger de ces sociétés.

L'art. 2 les indique, ce sont :

« I. Les actes publics ou privés, statuts, cahiers des
charges, etc., en vertu desquels cette valeur a été créée
dans son lieu d'origine.

» II. La certification par l'autorité consulaire établie
en France que ces actes sont conformes aux lois et usages de leur pays d'origine et que la valeur est officiellement cotée dans le dit pays, à moins qu'il n'existe pas
de Bourse officielle, auquel cas le fait serait constaté
par un certificat ».

Il est d'ailleurs loisible à la chambre syndicale de
demander toutes les pièces et justifications et renseignements jugés par elle nécessaires (art. 3 du décret
de 1880).

De même que nous avons posé plus haut le principe
de la responsabilité de la Chambre syndicale, nous le
posons ici de nouveau.

Le public a le droit de compter que la valeur figurant
ainsi parmi celles ayant cours officiel ait tout au moins
un fonctionnement régulier [1]. S'il a été trompé, s'il
se trouve devant une valeur s'effondrant misérablement,
parce que la société n'a jamais eu d'existence sérieuse,
il est tout à fait inadmissible que la chambre syndicale
ne soit pas responsable de l'erreur dans laquelle elle a
si fortement contribué à jeter le marché financier.

[1] Affaire des bonds du chemin de fer de Memphis, el Paso and Paci-
fic dit Transcontinental.

Voilà ce qu'il faut répondre à ceux qui trouvent excessifs les pouvoirs accordés à la chambre syndicale des agents de change pour l'admission des valeurs à la cote. Et que nous sommes loin des dispositions contenues dans les règlements de la coulisse, portant qu'en aucun cas, son comité ne peut être rendu responsable pour l'introduction de valeurs à la cote en banque !

Ces pouvoirs, la chambre syndicale des agents de change les remplit sous l'autorité du ministre des finances; et celui ci pourra toujours interdire la négociation en France d'une valeur étrangère ([1]).

Lorsque la Chambre syndicale admet une valeur à la cote, la première condition nécessaire pour les valeurs françaises comme pour les valeurs étrangères, c'est que cette valeur donne lieu à des opérations publiques, assez nombreuses pour que son cours puisse être apprécié.

La chambre syndicale doit s'assurer encore de la constatation exacte des cours, elle doit faire figurer à la cote officielle les renseignements utiles à la négociation des valeurs inscrites (cours de compensation, derniers cours, reports, intérêts, etc.).

CHAPITRE III

AUTRES ATTRIBUTIONS DE LA CHAMBRE SYNDICALE

La chambre syndicale surveille encore l'exécution des engagements contractés entre les agents de change.

Par ses soins ont lieu les liquidations des affaires

([1]) Décret du 6 oct. 1880, art. 5.

engagées à terme, elle contrôle et centralise ces opérations.

Elle gère la caisse commune, création d'une importance considérable.

Cette caisse, alimentée par des recettes de différentes natures (prélèvements sur les courtages, prix des carnets, etc.), comporte un fonds de réserve établi au compte de chaque agent de change et fixé pour Paris à 100.000 fr., somme devant être versée à la caisse commune avant l'entrée en fonctions.

Si cela est nécessaire, grâce aux fonds de la caisse commune, la chambre syndicale doit assurer l'exécution des marchés entre les agents de change (décret du 29 juin 1898). Elle doit prévenir ou concilier tous les différends que les agents de change peuvent avoir à raison de leurs fonctions soit entre eux, soit avec les tiers, et émettre s'il y a lieu son avis en cas de non-conciliation (art. 21 du décret de 1890).

C'est enfin par ses soins et sous sa responsabilité qu'est publié le Bulletin des oppositions des titres perdus ou volés, créé par la loi du 15 février 1872.

Tels sont, dans leurs grandes lignes, les droits et devoirs de la chambre syndicale des agents de change de Paris. Ceux des chambres syndicales existant près les Bourses des départements sont identiquement les mêmes, mais ils ont, il est facile de le comprendre, une importance bien moindre.

SECTION III

CHAPITRE PREMIER

DU DÉVELOPPEMENT DES VALEURS MOBILIÈRES EN FRANCE

Si l'on songe qu'au commencement du siècle les valeurs mobilières n'existaient pour ainsi dire pas, on est
étonné de leur développement considérable dans le
monde entier, surtout dans la seconde moitié de ce
siècle.

D'après les dernières statistiques et sans compter certains pays où une évaluation approximative n'a pu être
faite, le total des valeurs négociables sur les diverses
places européennes, soit en fonds d'Etat, soit en actions
ou obligations diverses, se rapproche du chiffre de
450 milliards (¹).

Pour la France, le montant des titres cotés en bourse
s'élève, pour la cote officielle seule, à 125 milliards environ, y compris les fonds d'Etat et les titres industriels
étrangers.

Voici un tableau dressé par M. Théry, directeur de
l'*Économiste européen,* donnant par période, l'accrois-

(¹) Ce chiffre approximatif est donné par M. Alfred Neymarck, membre
du conseil supérieur de statistique.

sement en capital nominal et en capital aux cours du
jour, des valeurs diverses divisées en deux groupes :
les valeurs à revenu fixe, comprenant les fonds d'Etat
et les obligations de toute nature ; les valeurs à revenu
variable, réunissant les actions de capital, les actions
de jouissance et les parts de fondateurs.

PÉRIODES	VALEURS A REVENU FIXE		VALEURS A REVENU VARIABLE		TOTAL DES VALEURS	
	Capital nominal	Aux cours du jour	Capital nominal	Aux cours du jour	Capital nominal	Aux cours du jour
1	2	3	4	5	6	7
	millions de francs	millions de francs	millions de francs	millions de francs	millions de francs	millions de francs
1850-1869...	14.318	10.746	2.314	3.847	16.632	14.593
1869-1880...	15.980	17.973	682	3.469	16.662	21.442
1880-1890...	12.461	11.783	800	1.458	13.261	13.241
1890-1900...	2.029	3.617	486	3.077	2.515	6.694
TOTAUX...	44.788	44.119	4.282	11.851	49.070	55.970

Dans les deux tableaux suivants, M. Théry donne la
situation d'ensemble, à chacune des dates indiquées,
de toutes les valeurs mobilières françaises, y compris
celles n'étant pas inscrites à la cote officielle :

I. — **Valeurs françaises inscrites ou non à la cote officielle,
capital nominal.**

DATES	VALEURS FRANÇAISES INSCRITES A LA COTE OFFICIELLE DE PARIS				VALEURS NON INSCRITES à la cote	TOTAL DES VALEURS mobilières françaises
	Fonds d'État	Obligations	Actions	Total des valeurs inscrites		
1	2	3	4	5	6	7
	millions de francs	millions de francs	millions de francs	millions de francs	millions de francs	millions de francs
1850 (31 décembre).....	5.950	1.820	1.210	8.980	336	9.316
1869 (—).....	11.687	10.601	3.524	25.612	1.569	27.181
1880 (1er juillet).........	20.615	17.454	4.205	42.274	2.400	44.674
1890 (—).........	25.483	25.047	5.005	55.535	3.340	58.875
1899 (31 décembre).....	26.191	26.367	5.492	58.050	3.540	61.590

II. — Valeurs françaises inscrites ou non à la cote officielle, capital au cours du pair.

DATES	VALEURS FRANÇAISES INSCRITES A LA COTE OFFICIELLE DE PARIS				VALEURS NON INSCRITES à la cote	TOTAL DES VALEURS mobilières françaises
	Fonds d'État	Obliga-tions	Actions	Total des valeurs inscrites		
1	2	3	4	5	6	7
	millions 'e francs	millions de francs	millions de francs	millions de francs	millions de francs	millions de francs
1850 (31 décembre).....	4.460	1.255	1.310	7.025	338	7.363
1869 (—).....	8.665	7.796	5.157	21.618	1.569	23.187
1880 (1er juillet)..........	20.233	14.202	8.625	43.060	2.400	45.460
1890 (—)..........	24.437	21.780	10.084	56.301	3.340	59.641
1899 (31 décembre).....	26.080	23.754	13.161	62.995	3.540	66.535

M. Théry admet que le capital des valeurs mobilières françaises, non inscrites à la cote officielle des agents de change, doit être égal au dixième du capital nominal de toutes les valeurs mobilières françaises sauf les fonds d'Etat, c'est-à-dire à la neuvième partie du capital nominal des actions et obligations inscrites.

La proportion admise par ce savant économiste nous semble un peu faible, si l'on tient compte des nombreuses sociétés françaises se négociant en banque à Paris sur le marché du comptant, particulièrement des sociétés coloniales nouvelles (sociétés Congolaises) et aussi de celles dont l'importance moindre, soit à Paris, soit en province, ne justifie pas la cotation en Bourse.

La plupart des statisticiens français, M. Neymarck entre autres, estiment que sur ce chiffre de 66.335 millions de valeurs mobilières françaises, 10 p. 100 seulement appartiennent à des étrangers. Les portefeuilles français détenaient donc environ, à la date du 31 décembre 1899, pour 59.882 millions de valeurs françaises.

D'un autre côté, dans une étude publiée dans la *Revue des Deux-Mondes*, en mars 1897 ([1]), M. Raphaël Georges Lévy estimait à 26 milliards de francs le total des capitaux français placés à l'étranger. Ce chiffre ne peut avoir qu'augmenté. A la date du 31 décembre 1899 M. Théry l'estime à *27 milliards* environ. Les portefeuilles français possèderaient donc 87 milliards environ de valeurs mobilières, dont le tiers environ en valeurs étrangères ([2]).

L'importance des valeurs mobilières croît sans cesse. Ainsi, d'après un tableau relevé par les soins de M. le ministre des finances pour l'année 1899 : Pour 418,382 successions ouvertes l'année dernière, les valeurs transmises aux héritiers se sont élevées à plus de « 6 milliards et demi », exactement à 6,766,381,591 francs.

Dans ce total, les valeurs mobilières, tant françaises qu'étrangères, représentent une somme de 2,202,571,351 francs, soit exactement le tiers.

Les immeubles figurent il est vrai pour un peu plus de trois milliards.

Mais il n'y a environ qu'un milliard et demi de valeurs représentées par des biens meubles divers, à savoir :

Numéraire 80 millions, assurances sur la vie 43 mil-

([1]) D'après cette étude, nos principaux débiteurs étaient : Russie, 6 milliards; Espagne, 5 milliards ; Autriche-Hongrie, 2 milliards ; Egypte, 1.700 millions ; Italie, 1.500 millions ; Turquie, 1 millard ; Angleterre et ses colonies, 1 milliard ; Belgique, Suisse et Hollande, 1 milliard ; Mines-d'Or, 800 millions.

([2]) Les valeurs étrangères possédées par des Français s'accroissent sans cesse. En 1850, 2.500 millions. En 1880, 15 milliards.

Tandonnet   6

lions, dépôts dans les banques et comptes-courants
120 millions, livrets de caisses d'épargne et de la caisse
des retraites de la vieillesse 76 millions, créances 847
millions, fonds de commerce 116 millions et meubles
corporels 237 millions.

Mais ce qu'il faut surtout faire ressortir c'est que plus
de la moitié des titres de valeurs mobilières possédés
par les portefeuilles français sont nominatifs, c'est-à-
dire dans les portefeuilles de l'épargne voulant la tran-
quillité et le repos.

Il ne faut pas oublier aussi que la petite épargne, sté-
rile dans son isolement, a pu, grâce à la valeur mobilière,
revenir dans la circulation monétaire publique dont elle
était sortie, augmenter par son activité nouvelle la
puissance créatrice de cette circulation et bénéficier
elle-même des résultats obtenus.

La petite épargne, est devenue dans son ensemble le
grand réservoir de la fortune mobilière en France, elle
a donc droit à une protection spéciale.

Dans l'organisation de notre marché financier, l'Etat
doit tenir compte de ce fait économique se rencontrant
à un degré bien moindre chez les nations étrangères et
particulièrement en Angleterre et aux Etats-Unis, où la
concentration des fortunes dans les mêmes mains est
beaucoup plus considérable.

Il ne faut pas l'oublier aussi : la diffusion de la propriété en France soit de la propriété immobilière, soit
de la propriété mobilière est le meilleur obstacle opposé
aux théories néfastes du collectivisme.

Grâce aux lois successorales, grâce à l'épargne il s'est

créé chez nous une masse de petits capitalistes pour lesquels la sécurité des placements prime la productivité.

La possession, par les capitalistes français, de valeurs internationales, les placements de capitaux français dans des entreprises industrielles à l'étranger ont eu pour l'épargne des avantages très sérieux, ne serait-ce que le fait d'avoir empêché dans une proportion plus grande la baisse du taux de l'intérêt en France. Certaines valeurs françaises de tout repos, les obligations des chemins de fer français, les obligations du crédit foncier, les emprunts des grandes villes, se capitalisent maintenant de ce fait à 3 p. 100 environ, impôts déduits.

Cependant il faut aussi reconnaître que l'épargne est devenue, et pour cause, d'une prudence excessive. Sans parler du krach fameux des mines d'or, les capitalistes français ont éprouvé de forts mécomptes du fait de la banqueroute partielle ou totale de certains Etats étrangers, même européens (Républiques Sud-Américaines, Portugal, etc.). Que d'entreprises industrielles étrangères dans lesquelles les capitaux français étaient entrés ont disparu ! Actuellement une crise financière grave sévit en Russie ; puisse l'épargne française, peut-être trop inconsidérément engagée dans les sociétés de charbonnages et de métallurgie russes, ne pas regretter cet empressement patriotique([1]) !

En France même n'assistons-nous pas actuellement à

([1]) De nombreuses valeurs de ce genre se négocient en coulisse, il s'est produit sur la plupart une dépréciation très forte.

une éclosion inouïe de sociétés nouvelles ? La société anonyme envahit tout. Les obstacles accumulés par la loi, certains trouvés par trop sévères, sont aisément franchis. Les capitaux sont sollicités de toutes parts.

La durée de la plupart de ces sociétés est éphémère : le temps de drainer l'or des capitalistes imprudents ou mal conseillés par des feuilles mensongères. Les auteurs de ces manœuvres coupables sont dignes de la police correctionnelle, mais y échappent trop souvent.

Dans ces conditions l'existence d'un marché libre offre bien des dangers.

Les gouvernements doivent, dans la mesure du possible, défendre l'épargne contre les embûches qui lui sont dressées. Le crédit de l'Etat n'est que la somme des crédits individuels des membres de la nation.

CHAPITRE II

LE MARCHÉ LIBRE. — LES VALEURS MOBILIÈRES SONT-ELLES DES MARCHANDISES QUELCONQUES ?

Aux yeux de certains économistes l'intervention de l'Etat dans l'organisation du marché financier est inutile. Une réglementation spéciale ne serait même pas nécessaire.

Les valeurs mobilières sont des marchandises quelconques, leur achat et leur vente devraient s'opérer comme s'opèrent l'achat et la vente des biens mobiliers en général, par la loi de l'offre et de la demande, par l'effet naturel des choses. Bien plus, l'Etat ne doit apporter aucune entrave à ces négociations; elles doivent se faire avec la plus grande concurrence possible, sans règles spéciales de lieu, de temps et d'espèces.

Les partisans du marché entièrement libre sont unanimes à citer l'exemple de la législation anglaise où l'Etat n'intervient en aucune façon dans la réglementation des bourses.

Si cette réglementation de l'Etat leur semble nuisible aux affaires, le monopole des agents de change leur est bien plus odieux. A leur avis, sans rendre aucun service spécial, il se manifeste comme une faveur accordée à quelques individualités, sans aucun motif plausible, il frustre la société d'un droit naturel et imprescriptible : celui de la liberté de la profession. Il nuit à la prospérité du pays tout entier en supprimant la concurrence, seule capable de donner à une industrie son maximum de développement et de puissance.

Ce monopole est, disent-ils, un vestige de ce préjugé ancien que le droit de travailler est un droit royal, que le prince pouvait vendre et que ses sujets devaient acheter (¹). Mais notre société moderne étant fondée sur un principe diamétralement inverse : celui de la liberté du travail, tous nous devons être maîtres de choisir notre vocation et de vivre de la profession que nous aurons préférée.

(¹) Courcelle-Seneuil, *La société moderne*, p. 334; Lyon-Caen et Renault, *Précis de droit commercial*, I, p. 1471; Cauwès, *Traité d'économie politique*, I, n. 643; Beauregard, *Précis d'économie politique*, p. 72 et 197 s.; J. Garnier, *Economie politique*, p. 291; Boudon, *La Bourse et ses hôtes*, p. 336; Em. Vidal, *Le monopole des agents de change et le marché financier*; Courtois, *Traité des opérations de Bourse*, p. 15.

M. Alph. Courtois fils déclare emphatiquement
« qu'avec le marché libre, au lieu d'un nombre limité
d'intermédiaires *tous égaux comme importance financière,* tous soumis comme un peloton de fantassins à
l'ordre d'un caporal, à la discipline d'un règlement aussi
despotique pour eux que pour le public, on verrait le
nombre d'intermédiaires croître ou décroître selon les
besoins du public, leur importance parcourir tous les
échelons *depuis le plus modeste en capital* jusqu'au plus
riche » (¹).

Et plus loin :

« Toute affaire sérieuse trouverait, encore une fois,
des intermédiaires non plus altiers et dédaigneux, mais
complaisants et allant au devant des besoins du client.
La loi de l'offre et de la demande serait enfin appliquée
au courtage comme elle l'est, en général, aux autres
opérations commerciales » (²).

Comment reconnaître l'intermédiaire honnête du
fripon? Comment garantir le public, en l'absence d'un
cautionnement, contre les actes hasardeux ou immoraux
d'un mandataire?

Pour M. Courtois, « la sélection s'accomplira naturellement, par un tâtonnement éclairé, d'une part par
l'expérience acquise dans la pratique de la vie et,
d'autre part, par la réputation connue des individus ».

(¹) Alph. Courtois fils, *Tr. élém. des opérations de Bourse,* 1867, p. 21.
(²) L'année 1900 a vu se produire à la Bourse de commerce de Paris de
scandaleux abus. Certains courtiers se sont plaints d'avoir été victimes de
manœuvres d'accaparement, notamment sur les sucres. Une proposition
de loi de MM. Dron et Rajon, restreignant le marché à terme en matière
commerciale, a été déposée sur le bureau de la Chambre.

*
* *

Nous réfuterons plus loin les reproches adressés au monopole des agents de change.

Le marché libre aurait-il aujourd'hui les vertus et qualités que M. Courtois voulait bien lui reconnaître? Il est permis d'en douter. Une triste expérience en a d'ailleurs été faite dans notre pays.

A peine la loi de mai 1791 avait-elle établi le marché libre que des désordres et des scandales sans nombre suivirent cette mesure. L'agiotage le plus scandaleux apparut. « La liberté avait fait place à la licence, déclare M. Bozérian. Il fallait à tout prix arrêter au plus vite les spéculations audacieuses, destructives de tout système économique et de tout crédit public » ([1]).

Il est à craindre que l'on verrait se reproduire les désordres et les scandales que signalait Regnault de Saint-Jean-d'Angély, au commencement de ce siècle, quand il demandait le rétablissement des agents de change. On reverrait bien vite *le décourageant spectacle du mélange d'hommes probes et instruits avec une foule d'agents de change qui n'ont pour vocation que le besoin, pour guide que l'avidité, pour frein que la peur de la justice, pour ressource que la fuite et la banqueroute, qui, par leur composition scandaleuse, arrêtent le crédit public et particulier dans son essor, gênent, embarrassent, ruinent, étouffent les transactions de toute espèce.*

([1]) Bozérian, *La Bourse*, éd. de 1859, p. 38.

Les partisans du marché libre n'attachent aucune valeur à ces arguments historiques.

Les circonstances politiques et sociales seules ont, d'après eux, amené cet état de choses; et, supposition gratuite : les mêmes faits se seraient passés avec un marché monopolisé.

Ce n'est pourtant pas dans les temps prospères seulement que la solidité d'un marché financier est désirable, mais encore et surtout dans les temps de crise. Le monopole des agents de change apporte peut-être des obstacles à l'ampleur des négociations en bourse; cela peut se discuter, il donne plus de solidité au marché lui-même : cela est incontestable.

Marchandises et valeurs mobilières. — Et d'abord la valeur mobilière ne diffère-t-elle pas d'une marchandise quelconque? N'est-elle pas de sa nature une chose essentiellement fongible? Lorsque j'achète en Bourse 25 actions du Chemin de fer du Midi, aucune spécification n'est faite; toutes les actions du Midi sont comme valeur identiquement semblables. Peut-on dire, au contraire, que deux fruits recueillis sur un même arbre ont la même saveur, deux vins de la même localité le même goût, le même bouquet?

Si sur les grands marchés commerciaux de Londres, de Liverpool, d'Anvers on négocie à terme sur une vaste échelle le blé ou le café par exemple, en se basant sur un type déterminé, admis d'avance, on arrive à dire que cent sacs de blé de 100 kilogs de tel type sont identiques entre eux, mais n'est-ce pas là une pure fiction, admise pour faciliter les négociations de cette marchandise? Deux sacs de blé du même poids, du même type ne sont pas identiques, intrinséquement ils n'ont pas la même valeur.

Comme c'est là une distinction peut-être un peu trop philosophique, il faut en prendre une plus compréhensive en soi.

La négociation des valeurs mobilières n'est-elle pas d'une importance plus grande que celle des denrées ? L'agent de change est-il comme un marchand de vin, un épicier, un marchand de cuir, le négociateur de marchandises quelconques ?

Il y a entre le commerçant et l'intermédiaire des différences nombreuses. Le commerçant, lui, achète directement au fabricant et revend directement aussi au client, le tout à ses risques et périls. Le courtage serait alors un non-sens.

De quel droit un commerçant en valeurs peut-il prélever un courtage ?

Enfin lorsqu'il s'agit d'achat et de vente de valeurs mobilières, les contre-parties se feraient difficilement d'elles-mêmes. Aussi le besoin des Bourses de valeurs s'est-il fait sentir de bonne heure.

Les arguments des adversaires d'un marché monopolisé semblent porter à faux lorsque, pour attaquer ce monopole, ils font ressortir la liberté du marché commercial qui existe chez nous depuis le 1ᵉʳ janvier 1867.

Ce qu'il faut faire ressortir, c'est que la Bourse du commerce est surtout fréquentée par des spécialistes, de gros commerçants en sucres, en cafés, en blés. Chacun y exécute ses affaires pour son propre compte, en parfaite connaissance de cause.

A la Bourse des valeurs, il en est tout autrement. Le domaine de la valeur mobilière étant infiniment plus étendu, toute l'épargne du pays, même malgré elle, est intéressée à son bon fonctionnement. Elle a besoin d'y trouver des protecteurs, non des ennemis.

Et nous dirons volontiers avec M. Manchez : « Est-ce méconnaître les principes de l'économie politique, que de vouloir entourer l'organe de transmission de la fortune mobilière d'une surveillance officielle que ne justifie pas, au même degré, le marché commercial » (¹)?

La loi et les sociétés. — En supposant enfin l'assimilation complète entre les valeurs mobilières et les marchandises, comprendrait-on que l'autorité publique s'opposant dans les halles à la mise en vente des marchandises avariées, des viandes contaminées, nuisibles à la santé publique, laissât négocier sur le marché financier sous sa protection tacite, des valeurs absolument fictives ne reposant sur aucune base solide ?

La loi n'entoure-t-elle pas la création des sociétés anonymes de précautions minutieuses, lorsqu'elle fixe le minimum de chaque action, exige la publication et la souscription du capital social, la constatation des versements, l'évaluation exacte des apports en nature, les publications légales ?

N'y a-t-il pas là, d'après la loi elle-même, une distinction essentielle entre les valeurs mobilières et les biens

(¹) Manchez, *Etude sur le marché financier de Paris.* Congrès des valeurs mobilières de juin 1900, 1ᵉʳ fasc., p. 6.

mobiliers quelconques, établie tout en faveur de notre
argumentation ?

D'une organisation naturelle. — Mais il est une différence essentielle entre les valeurs mobilières et les
marchandises quelconques, c'est celle-ci : Dans les
pays où le monopole n'existe pas, il s'est créé parmi
les courtiers libres s'occupant de la négociation des
valeurs mobilières des organisations spéciales, des sociétés se donnant elles-mêmes des règlements sévères,
suppléant à l'intervention de l'Etat, voulant donner de
la sécurité à ses membres dans leurs transactions, au
public des garanties que l'Etat semblait lui refuser.

L'exemple du Stock-Echange de Londres n'est-il pas
une preuve irréfutable de cette vérité ? La force du
Stock-Echange réside-t-elle seulement dans le grand
nombre de ses membres ; n'est-elle pas au contraire
dans son organisation très sévère, dans les règles pré-
sidant à son recrutement, à l'admission des valeurs à
la cote, au règlement de ses opérations ?

Notre coulisse elle-même ne vient-elle pas de donner
un magnifique exemple de ce fait économique ? Elle a
aujourd'hui une organisation solide, son comité est
investi de pouvoirs étendus, elle a rejeté de son sein
tous les courtiers-marrons de bas étage, interdisant
même à ses membres de traiter avec eux. Ainsi la coulisse véreuse qui déshonorait la vraie coulisse a peut-
être disparu, mais la liberté une fois encore a été
violée. En fait, un nouveau genre de monopole a été
constitué.

Tout ceci l'indique bien nettement, la négociation

des valeurs mobilières n'est pas identique à celle de marchandises quelconques.

La sélection entre les bons et les mauvais courtiers, déclarait M. Courtois, s'accomplira par sélection, « par un tâtonnement éclairé ».

Non, cela n'est pas suffisant, la première condition du bon fonctionnement d'un marché est dans la confiance réciproque des intermédiaires. Il est indispensable qu'ils soient groupés en une compagnie élisant elle-même ses membres après examen de leurs titres et exerçant par son comité un contrôle direct et permanent sur leur gestion. Or cela est impossible dans l'hypothèse d'une bourse entièrement indépendante.

Le marché libre est en effet l'absence même de règlements. C'est la place ouverte à tous venants, aux insolvables, aux incapables, aux gens sans aveu, c'est le droit d'être agent de change conféré au premier venu, moyennant la possession d'un carnet et d'un crayon, mais aussi la disparition des règles qui assurent la bonne exécution des contrats, c'est le marché désorienté et désorganisé, en proie à toutes les folies de l'inexpérience, à tous les méfaits de l'improbité (¹).

Les étrangers et le courtage des valeurs mobilières. — Dans tous les pays, les étrangers ont le droit de faire le commerce, tout comme les nationaux.

S'il est vrai que les valeurs mobilières sont des marchandises quelconques, on ne saurait en droit leur interdire la négociation de ces valeurs.

(¹) Broussois, *Du monopole des agents de change et de sa suppression.* Thèse de Paris, 1898, p. 230.

En fait cependant, dans presque tous les pays, les étrangers ne peuvent être choisis comme intermédiaires dans les transactions de bourse. En Angleterre même, ils ne peuvent faire partie du Stock-Echange (¹).

Dans son dernier règlement, la coulisse de Paris a posé comme première condition, pour être admis dans un de ses syndicats, d'être Français (²).

Elle a voulu ainsi donner, et dans son intérêt bien entendu, une juste satisfaction à l'opinion publique.

A notre avis, cependant, cette réforme n'était pas des plus urgentes. Le coulissier n'est nullement un intermédiaire officiel, son existence n'est pas reconnue par la loi. Chacun s'adresse à lui à ses risques et périls. La responsabilité qu'il peut encourir envers ses mandants découle du droit commun.

La présence de coulissiers étrangers était utile à notre place, ils y apportaient un courant d'affaires et le tribut de leurs relations avec l'étranger.

Dans les discours prononcés devant les chambres en 1898, il y eut, sur les dangers présentés pour le crédit public par l'existence à Paris de la coulisse étrangère, des exagérations évidentes (³).

L'élément étranger disparaîtra-t-il complètement avec la réforme de la coulisse ? Cela est peu probable. Les coulissiers français de son syndicat ne seront que

---

(¹) Voir plus loin notre étude sur la législation anglaise.

(²) Sur 125 membres du syndicat de la coulisse à terme, 10 seulement sont étrangers.

(³) Discours de M. Gauthier de Clagny. *Journal Officiel* de 1898. Chambre des députés, *Débats parlementaires*, p. 1073 et s.

les commis des commanditaires étrangers, de vrais hommes de paille.

Il est peu probable cependant que le public se laisse prendre à ces supercheries d'ailleurs maladroites.

CHAPITRE III

DIFFÉRENTS SYSTÈMES D'ORGANISATION DU MARCHÉ FINANCIER

Les partisans d'un marché libre non réglementé sont extrêmement rares. La vieille école classique du « laisser faire » n'est plus. L'intervention de l'Etat, une réglementation très sévère du marché financier sont admises par tous. Le monopole seul est visé, c'est lui que cherchent à détruire tous les faiseurs de systèmes.

De tous ceux-ci le plus sérieux et le plus intéressant est celui déposé au Sénat, à la séance du 15 juin 1897, par MM. Trarieux et Ernest Boulanger.

Nous ne pouvons citer dans son entier cette proposition. Elle avait pour but, d'après ses auteurs, d'abolir le monopole des agents de change, d'élargir et de développer le marché en fortifiant le crédit, de donner aux opérations qui y sont traitées un caractère régulier et légal ; de fournir au public, dans les affaires auxquelles il doit participer, des garanties complètes de sécurité et de sincérité; enfin de réserver à l'Etat le droit de contrôle et de police, que peut, en certaines circonstances, comporter l'intérêt de tous.

Dans tous ces systèmes, on retrouve à peu de chose près une réglementation semblable à celle imposée actuellement aux intermédiaires du marché officiel.

En ce qui concerne l'admission des membres, elle ne pourra avoir lieu que sous des conditions de moralité, de solvabilité, d'aptitudes et de nationalité.

La nécessité du cautionnement est proclamée par tous comme intangible.

De même la surveillance de la chambre syndicale sur les membres de la corporation est reconnue comme nécessaire, elle jugerait leurs contestations, elle serait chargée de la confection et de la surveillance de la cote officielle. L'Etat lui adjoindrait des fonctionnaires co-teurs, ce qui a lieu en Russie (¹).

L'admission des valeurs au marché de la Bourse serait faite par cette chambre, mais son pouvoir sur ce point serait beaucoup moins étendu que celui de la chambre syndicale actuelle des agents de change.

Les sociétés dont les actions n'auraient pas été admises à la cote auraient d'ailleurs un recours contre elle devant le tribunal de commerce. Et c'est ce tribunal, érigé en arbitre suprême, dont les membres souvent sont totalement ignorants des choses financières, qui dirait si « oui » ou « non » la chambre syndicale a méconnu les intérêts du public et fait acte d'arbitraire. Il serait plus simple de lui donner directement le droit d'admission à la cote.

Ce marché, réglementé, mais libre, pourrait se composer d'un nombre indéfini de membres. Si ces membres

(¹) M. Broussois, dans sa thèse de doctorat, *Du monopole des agents de change,* propose un système assez ingénieux, conçu à peu près dans ce sens.

par contre étaient trop nombreux, la surveillance de la chambre syndicale serait bien difficile, la responsabilité collective et solidaire très illusoire.

Dans le projet présenté à la chambre des députés en 1898, M. Viviani avait totalement négligé de s'expliquer sur ce point. Pressé par M. Cochery de fixer un nombre maximum de membres, M. Viviani indiqua le chiffre de 250 ([1]).

Mais alors nous tombons en plein arbitraire, pourquoi le 251° candidat présentant toutes les garanties désirables ne peut-il être admis? Ce n'est plus un marché libre, mais toujours un marché restreint.

Si le cautionnement est trop élevé, le commerce des valeurs mobilières devient-il enfin libre? Ne sera-t-il pas comme aujourd'hui réservé aux privilégiés de la fortune? Faut-il alors supprimer le cautionnement?

Il est un point sur lequel, il faut le reconnaître, la plupart de ces systèmes sont d'accord et diffèrent essentiellement de l'organisation actuelle, c'est celui-ci :

L'agent de change pourra faire le commerce pour son propre compte, s'intéresser dans les affaires industrielles et commerciales et se constituer la contre-partie de son client lorsque ce dernier y consentira.

C'est une conception dont le mérite est de se réaliser journellement au Stock-Echange de Londres et, sous certaines conditions, à Berlin ([2]).

La profession d'agent de change est trop lucrative

([1]) *Journal Officiel* de 1898. *Débats parlementaires*, Chambre des députés, p. 1073.

([2]) Loi allemande du 22 juin 1896, art. 71 s.

mais probablement pas assez, puisqu'on veut leur permettre d'opérer pour leur propre compte, d'être à la
fois intermédiaires et spéculateurs.

Il est des agents de change, paraît-il, qui, contraire·
ment aux dispositions de la loi, spéculent pour leur
compte et font même la contre-partie de leurs clients.
Puisqu'ils violent la défense faite, il faut lever cette
défense, ils ne violeront plus la loi.

On donne aussi la raison suivante : Les clients veulent l'exécution rapide de leurs ordres ; or, à moins
qu'il ne s'agisse de quelques valeurs comportant de
nombreuses transactions, il y a parfois une impossibilité matérielle à trouver de suite une contre-partie,
surtout s'il s'agit d'un ordre important. L'intermédiaire
prendrait alors l'opération pour son compte au cours
du jour, à ses risques et périls.

Mais probablement dans des conditions avantageu-
ses, comme il peut y avoir sur certaines valeurs plusieurs cours cotés dans une même bourse, on ne peut
obliger l'agent de change à prendre l'opération au cours
le plus défavorable pour lui.

La loi allemande, sous l'empire du Code de commerce, permettait aux commissionnaires de couper
dans le cours, c'est-à-dire de compter au commettant,
lorsque dans un jour plusieurs prix étaient cotés, le
prix le plus défavorable, tandis qu'ils avaient eux-
mêmes contracté à un cours plus favorable ou bien
spéculé sur le dos de leurs commettants. Les commissionnaires spéculateurs allemands usaient largement
de ce droit.

Tandonnet 7

La loi de 1896 s'est efforcée de mettre un terme à ces abus et a édicté à ce sujet une série de prescriptions pour enlever, dans la mesure du possible, aux anciens abus la possibilité de renaître (art. 71 et 72).

Cette façon de procéder n'est pas admise par nos Codes, ils la jugent contraire aux vrais principes du mandat.

Il est néanmoins fâcheux de constater que la jurisprudence la plus récente semble être en sens contraire (¹). Il a même été admis que le droit perçu par le commissionnaire doit être alors considéré comme la rémunération due au professionnel (²).

Mais le seul avantage offert au client par l'agent contre-partiste se réduit somme toute à celui-ci : En écartant du marché son offre ou sa demande, en contractant personnellement avec lui au cours du jour, il empêche la baisse ou la hausse des titres que ce client veut vendre ou acheter ; dans une bien faible mesure, faut-il ajouter.

Ce seul avantage peut-il faire oublier les énormes inconvénients de ce système, mentionnés dans l'exposé des motifs de notre Code de commerce (³) ?

Un agent de change contre-partiste et spéculateur n'offrirait aucune sécurité pour le public. L'intermédiaire des négociations de titres mobiliers doit offrir

---

(¹) Arrêt de la cour de Paris, 16 juin 1900, *Le Droit* du 28 juillet 1900.

(²) Tribunal de commerce de la Seine, 6 janvier 1900. V. *La Cote*, 27 février 1900.

(³) *Discours préliminaire du projet du Code de commerce*, Locré, XVII, p. 39.

les mêmes garanties que l'intermédiaire officiel institué pour la transmission de la propriété immobilière.

De l'Etat agent de change. — L'Etat qui fait un peu de tout, ne pourrait-il aussi être agent de change? Si on veut monopoliser la négociation des valeurs de bourse, ne serait-il pas plus logique d'en faire profiter l'Etat, c'est-à-dire la collectivité au lieu de quelques particuliers? La doctrine collectiviste est en ce sens.

La question du rachat des charges mise à part, ce système présenterait des inconvénients nombreux.

La plaie du fonctionnarisme est déjà assez profonde dans notre pays pour ne pas l'augmenter encore. Ces agents de change, fonctionnaires payés par l'Etat, contrôlés à chaque instant par lui, dont les livres passeraient nécessairement sous le contrôle de la Cour des comptes, comme le proposait M. Viviani, quelle initiative pourraient-ils bien avoir?

La spéculation recevrait un coup terrible dont elle ne pourrait se relever. Nous reviendrions forcément aux dispositions de prairial. La remise des fonds ou des titres devrait accompagner les ordres d'achats ou de ventes. Les agents de change fonctionnaires ne pouvant se faire juges de la solvabilité personnelle des clients, le marché à terme aurait vécu.

Quelle révolution dans les usages commerciaux! quel retour vers le passé! quel non sens! Et comment des conceptions aussi bizarres peuvent-elles sortir de cerveaux bien équilibrés?

SECTION IV

DE QUELQUES CONSIDÉRATIONS SUR LE MONOPOLE DES AGENTS
DE CHANGE (*suite*).

Réorganisation du marché financier de Paris de 1898.

Les décrets réorganisant le marché financier, au nombre de trois, ont été rendus le 29 juin 1898 ; ils sont contresignés par M. Peytral, ministre des finances.

Ces décrets ont été insérés le lendemain au *Journal officiel,* qui a publié en même temps le règlement particulier de la compagnie des agents de change de Paris modifié en conséquence.

Premier décret. — Le premier décret modifie les art. 17, 55 et 56 du décret du 7 octobre 1890.

L'art. 17 détermine les conditions dans lesquelles sont constituées les chambres syndicales d'agents de change.

L'art. 55 règle le droit du donneur d'ordre et le devoir de la chambre syndicale dans le cas de retard de livraison ou de paiement par l'agent de change.

Voici dans son entier cet art. 55 particulièrement important :

« Si en dehors de toute contestation sur le fond du droit, la livraison ou le paiement n'est pas effectué par l'agent de change dans les détails réglementaires, le donneur d'ordre peut, après l'avoir mis en demeure par acte extrajudiciaire, notifier en la même forme dans le délai de vingt-quatre heures, cette mise en demeure à la Chambre syndicale. Au reçu de cette notification, la Chambre syndicale prend à l'égard de l'agent de change les mesures propres à assurer l'exécution du marché. Elle l'exécute elle-même, au besoin, au mieux des intérêts du donneur d'ordre et pour le compte et aux risques et périls de l'agent de change en défaut. Elle ne peut s'y refuser qu'en dénonçant la situation dans le délai de quinze jours au président du tribunal de commerce. Dans les bourses comportant plus de quarante agents de change la Chambre syndicale ne peut se refuser à exécuter le marché pour le compte de l'agent de change en défaut dans la limite de la valeur totale des offices de la compagnie calculée d'après les dernières cessions, du fonds commun et du montant des cautionnements ».

La Bourse de Paris ayant seule plus de quarante agents est la seule dont les agents de change soient solidairement responsables.

L'art. 56 prescrit qu'en cas de défaillance d'un agent de change, la chambre syndicale devra liquider les marchés dans les conditions déterminées par les règlements prévus à l'art. 82, en prenant pour base le cours moyen du jour de la défaillance. Les donneurs d'ordre sont mis en demeure d'opter sans délai entre la liquidation de leur marché dans les conditions ci-dessus spécifiées et le maintien de leur position chez l'agent de change défaillant.

Deuxième décret. — Le second décret a pour objet la création de dix nouveaux offices d'agents près la Bourse de Paris. Les titulaires de ces nouveaux offices seront choisis par la chambre syndicale des agents de change et nommés par décrets rendus sur la proposition du ministre des finances.

Troisième décret. — Le troisième décret vise la réduction des courtages, réduction très sensible sur les tarifs antérieurs.

*
* *

Le monopole des agents de change est-il incompatible avec le développement des affaires de bourse ? Est-il nuisible au Crédit public. — Sur ces points se sont surtout portées les attaques les plus violentes des adversaires du monopole des agents de change.

Toute question de personnes mise de côté, des économistes éminents sont venus au secours du marché libre et des coulissiers. Il serait difficile, et certainement présomptueux de notre part de vouloir détruire les assertions d'économistes aussi considérables que MM. Neymarck et Paul Leroy-Beaulieu, pour ne citer que ces deux noms.

Nous n'avons pas de semblables prétentions.

Nous chercherons néanmoins à mettre en relief les améliorations très appréciables introduites dans la réorganisation de 1898 sur certains points particuliers.

Il faut enfin laisser le temps accomplir son œuvre, depuis deux ans les résultats obtenus ne sont pas complètement à dédaigner.

CHAPITRE PREMIER

DES REPROCHES ADRESSÉS A L'ORGANISATION DU MARCHÉ OFFICIEL

Au moment où les décrets de 1898 ont vu le jour, des polémiques nombreuses se sont élevées devant les chambres, où elles ont été la reproduction de celles qui avaient été engagées en 1893 et aussi dans la presse. La presse économique et financière a bataillé longuement sur la question.

Pour M. Paul Leroy-Beaulieu le marché officiel, qui vaut surtout par sa solidité, n'a pas la souplesse et l'initiative nécessaires pour embrasser toutes les opérations si nombreuses, si multipliées d'un grand marché moderne et universel.

Or, cela n'est pas douteux, « il importe à la richesse de la France, aux capitalistes français, au travail français même que la place de Paris puisse traiter de toutes les affaires importantes ou *susceptibles de prendre de l'importance* dans le monde entier » (¹).

Selon lui, seule la coulisse est capable d'introduire sur le marché de Paris les valeurs nouvelles créées à l'étranger. Elles ne peuvent arriver au parquet, si elles y arrivent, qu'après un long stage.

Les fonds d'Etat étrangers seuls et certaines entreprises connues et d'une importance considérable peuvent fléchir les rigueurs de la chambre syndicale des agents de change.

Certains économistes craignaient qu'avec un marché

(¹) *Economiste français* du 12 mars 1898.

restreint, comme le marché officiel, les valeurs internationales, qui jouent un si grand rôle pour ne pas dire
le principal dans les opérations de change et surtout
dans les arbitrages et les émissions, ne fussent reléguées
au second plan.

Et ils se demandaient avec angoisse si toutes ces opérations si importantes n'allaient pas disparaître de la
Bourse de Paris, si notre marché n'allait pas se trans-
porter à Bruxelles, à Genève, à Londres et à Berlin.

Dans le remarquable discours qu'il prononça au sénat
le 2 avril 1892, M. Raynal témoignait les mêmes crain-
tes, car l'agent de change, officier ministériel, est méti-
culeux, peu abordable, c'est une sorte de notaire des
fonds publics. Il attend le client mais ne va pas le
chercher.

La Société d'économie politique, dans sa séance du
6 juin 1898, s'occupa de la Réorganisation du marché et
des anathèmes nombreux s'élevèrent contre elle.

M. Alfred Neymarck voudrait qu'il fût permis au marché libre de s'occuper des valeurs internationales.
Le marché financier doit être très large, ouvert à de
nombreux intermédiaires actifs, ayant de l'initiative.

Toujours les mêmes reproches.

Le marché officiel n'est pas assez souple, assez
abordable. La chambre syndicale ne devrait pas atten-
dre les valeurs, mais les rechercher au contraire, en
augmenter sans cesse le nombre et la nature.

M. Jacques Siegfried exprimait la même opinion.

A ses yeux, les agents de change sont transformés
de plus en plus en « fonctionnaires autocrates ».

Avant la réforme de 1898, on se plaignait du nombre par trop restreint des agents de change, on en élève le nombre à 70. C'est là, pour M. Leroy-Beaulieu, « une disposition que l'on peut qualifier d'insignifiante » (¹).

Les dix nouvelles charges ont eu cependant comme titulaires pour la plupart, les chefs des plus importantes maisons de coulisse de Paris.

M. Vidal-Naquet attache peu d'importance à l'augmentation du nombre des agents de change et, comme il le disait à la Société d'Economie politique, « on ne remédie pas à l'inconvénient d'avoir un marché de notaires en nommant une plus grande quantité de notaires ».

M. Paul Leroy-Beaulieu trouve dans la responsabilité solidaire des agents de change de Paris, établie par les décrets du 29 juin 1898, un énorme recul, un obstacle apporté à l'animation des affaires et aux entreprises nouvelles comportant de l'aléa.

« Les agents de change, dit-il, vont se surveiller étroitement les uns les autres et c'est pour cette raison sans doute que l'on a porté de cinq à huit le nombre des adjoints au syndic. Le résultat de cette surveillance c'est qu'on va s'efforcer de contenir tous les agents de change un peu entreprenants, on va les astreindre à la routine et ce qui va dominer, c'est la circonspection » (²).

Tous les économistes adversaires du monopole des agents de change sont donc bien d'accord sur ce point :

_____

(¹⁻²) *Economiste français* du 2 juillet 1898.

les officiers ministériels manquent d'initiative, ils ne cherchent pas assez à élargir le marché.

Toutes les défenses faites aux agents de change, celle de faire pour leur compte des opérations aléatoires, de s'associer entre eux, d'avoir des délégués en France ou sur les places étrangères, autant d'obstacles au développement des affaires.

La coulisse, au contraire, peut rayonner au loin. Par son activité incessante, elle donne au marché une vie intense, elle développe les transactions, abaissant les courtages dans toute la mesure du possible, y cherchant simplement une prime d'assurance contre l'insolvabilité de ses clients.

Les courtages pris par la Compagnie des agents de change étaient autrefois trop élevés, ils sont devenus, il est vrai, plus modérés depuis les décrets du 30 juin 1898, et sur ce point les attaques des adversaires du monopole n'ont plus leur raison d'être ; elles ont de fait disparu.

Les adversaires du marché monopolisé adressent un autre reproche à la Réorganisation de 1898. A leurs yeux elle a été funeste au Crédit public en annihilant, en quelque sorte, la puissance de la coulisse. « Mais ce que je regrette surtout, disait M. Raynal au Sénat, c'est le concours que la coulisse a donné autrefois à la cause du crédit public, ce sont les services qu'elle était appelée à rendre dans l'avenir à nos emprunts, à nos conversions » (¹). La coulisse était, selon lui, une

---

(¹) *Journal Officiel* de 1898, *Débats parlementaires*, Sénat, p. 563 et s.

force nationale à laquelle il ne fallait pas toucher.

L'argumentation de M. Raynal semblerait devoir être exacte, puisque de fait l'organisation de 1898 a maintenu la coulisse des rentes.

Dans ce même discours au Sénat du 2 avril 1898, M. Raynal le fait très nettement ressortir. « Messieurs, dit-il, j'avoue que quelques collègues et moi nous avons trouvé tout d'abord assez singulier que M. le Ministre des finances accepte la violation de l'art. 76 dans son esprit et même dans sa lettre à propos de la coulisse des rentes, attendu véritablement que, s'il y a un terrain qui appartienne en propre aux agents de change, c'est la rente.

» Et venir déclarer qu'on veut faire vivre, à côté d'eux, pour assurer le marché des rentes, la coulisse, cela ne plaide pas en faveur des agents de change. Cela prouve bien enfin qu'ils n'ont pas les moyens nécessaires pour faire toutes les affaires sur les rentes, puisqu'ils acceptent la collaboration de la coulisse des rentes ».

Rien de plus juste.

L'Etat, dit-on, a besoin d'un grand nombre d'intermédiaires donnant à notre marché financier une grande ampleur pour pouvoir effectuer ses propres emprunts plus facilement. Et aussi d'intermédiaires soutenant eux-mêmes les cours de ses emprunts par leurs achats, cherchant à classer progressivement le flottant non absorbé, poursuivant même impitoyablement le découvert qui viendrait à se former.

Toutes opérations qu'il est matériellement impossible

aux agents de change d'accomplir, qui leur sont même expressément défendues par la loi.

Les adversaires de notre marché monopolisé le font donc ressortir avec complaisance : les agents de change ont les bras liés, il leur est ainsi impossible de soutenir nos emprunts, si ce n'est par leurs seuls conseils adressés à la clientèle.

En un mot, et c'est là le grand grief à eux adressé : ce sont des intermédiaires, rien que des intermédiaires.

Tels sont les reproches faits à l'organisation actuelle de notre marché financier monopolisé par des économistes distingués.

Pour être juste, nous sommes obligé de reconnaître la très grande force de quelques-uns.

CHAPITRE II

DES AVANTAGES DE L'ORGANISATION ACTUELLE DU MARCHÉ FINANCIER

A toute cette argumentation, il faut cependant répondre qu'il ne suffit pas de dire, pour attaquer la corporation des agents de change de Paris, qu'à Londres, à Berlin, à Vienne, à Bruxelles, à Genève il existe un marché libre plus ou moins réglementé.

Cela importe peu. Chaque pays a son organisation propre, ses usages, ses mœurs. Il est étrange de vouloir tous les assimiler à un cadre commun, à des institutions identiques.

La corporation des agents de change a existé dans le passé, elle a préservé notre marché de bien des crises, de bien des maux.

Au moment des tristes événements de janvier 1882, le parquet de Paris put résister à la terrible secousse qui suivit l'effondrement de « l'Union Générale » (¹), et ce même avant la loi de 1885, en ayant souvent devant lui des débiteurs malhonnêtes se retranchant derrière l'exception de jeu.

Aujourd'hui, avec le développement des affaires, une révolution complète s'impose-t-elle, les droits de la compagnie des agents de change, si respectables soient-ils, doivent-ils être sacrifiés à l'intérêt public, n'est-elle plus à la hauteur de sa mission ? Son recrutement trop restreint, son organisation défectueuse, portent-ils atteinte à la marche des affaires ?

Voilà ce qu'il faudrait démontrer. Nous ne voulons pas critiquer l'organisation des bourses étrangères, mais c'est, il nous semble, aller trop loin que de vouloir remplacer notre organisation actuelle par le redoutable inconnu.

Ces réserves faites, on peut justement qualifier d'excessifs les reproches adressés à notre marché monopolisé français.

_____

(¹) Les actions de « l'Union Générale », cotées en clôture à la Bourse de Paris, le 9 janvier 1882, 3,075 fr , cotèrent le 17 janvier, 2625, le 21, 1200, le 31, 500 fr. A ces quatre dates, les valeurs suivantes cotèrent : le 3 0/0 perpétuel, 84,45; 83,90; 81,85; 80,55. Le Crédit foncier, 1,765, 1,650, 1,575, 1,510. Société Générale française de crédit, 895, 820, 800, 660. Banque de Lyon et de la Loire, 917, 500, 350, 375, etc., etc.

I. *Le marché officiel agrandi est-il incompatible avec le développement des affaires et nuisible au marché des valeurs internationales ?*

Les prédictions par trop affirmatives faites il y a
deux ans par les adversaires du marché monopolisé, ne
se sont pas réalisées. L'effondrement du marché de
Paris, qui devait suivre l'exode à Bruxelles des plus
importantes maisons de l'ancienne coulisse des valeurs
ne s'est pas encore produit, et si tout n'est pas pour le
mieux dans le meilleur des mondes, le marché de Paris
a témoigné depuis sa réorganisation, d'une activité
très appréciable, ainsi qu'en témoigne le tableau suivant
des produits de l'impôt sur les opérations de Bourse
(1er janvier 1895-31 décembre 1899).

Résultats annuels.

PÉRIODES	DROITS ACQUITTÉS				
	à Paris			ailleurs qu'à Paris	Total général
	par les agents de change	par les autres assujettis	ensemble		
1895.......	2.947.814	6.688.139	9.635.953	446.047	10.082.000
1896.......	1.910.127	2.889.942	4.800.069	263.931	5.064.000
1897.......	2.095.727	3.101.171	5.196.898	329.102	5.526.000
1898.......	2.409.172	2.404.966	4.814.138	290.362	5.104.500
1899.......	4.324.845	2.181.360	6.506.205	377.295	6.883.000

L'année 1900 vraisemblablement donnera des résultats équivalents, sinon supérieurs, dépassant de beau-

coup les évaluations budgétaires. Les recouvrements pour les huit premiers mois s'élèvent à 4.833.500 contre 4.757.000 en 1899, même période, en augmentation de 1.273.500 francs sur les évaluations.

Il faut faire remarquer que, par suite de la guerre du Transwaal, les opérations de la coulisse sur les mines d'or ont été réduites à leur strict minimum.

De la lecture de ces chiffres, il ressort que depuis l'année 1895, époque de l'apogée de la coulisse, où les transactions sur les mines d'or prirent une ampleur inouïe, mais dont les tristes effets aboutirent au krach célèbre, jamais les transactions sur les valeurs mobilières n'ont pris une aussi grande extension.

Le chiffre d'impôt perçu par la coulisse en 1899 est inférieur seulement de 5 à 600,000 francs au chiffre moyen perçu par elle dans les trois années précédentes ; l'impôt perçu par les agents de change dans cette même année 1899 a plus que doublé au contraire. N'y a-t-il pas là un fait digne de remarque, de nature à faire espérer des résultats encore plus importants ?

La solidarité des agents n'a pas eu sur les affaires les funestes effets prévus par M. Paul Leroy-Beaulieu et même par certains agents de change trop pessimistes.

Il y a au parquet de Paris, cela se comprend, des agents plus actifs les uns que les autres, plus ou moins portés à engager leur clientèle sur les valeurs spéculatives, rien ne pourra empêcher qu'il n'en soit pas toujours ainsi.

En quoi cette circonstance aurait-elle pu porter atteinte au développement des affaires, à la multiplicité des transactions?

La grande majorité des agents de change de Paris, et c'est son propre intérêt, n'est nullement hostile aux opérations à terme, à l'agrandissement du marché.

Quant à la chambre syndicale, émanation de la corporation tout entière, si depuis l'établissement de la solidarité existant entre les membres du parquet il est de son strict devoir de surveiller plus étroitement la gestion des charges et la direction générale du marché lui-même, il ne s'en suit pas pour cela qu'elle soit un obstacle au développement des affaires.

La modération est nécessaire dans les spéculations; les faits économiques leur donnant naissance ne s'opèrent pas avec la rapidité de l'éclair. Pour être sérieuse, pour être utile, vraiment profitable, la spéculation doit être modérée, ne pas procéder par mouvements trop rapides, elle doit être éclairée même (¹).

Il est du devoir de la chambre syndicale de conduire la spéculation, de donner aux agents de fréquents

(¹) La fin du mois d'août 1900 a vu se produire sur les marchés de Roubaix et de Tourcoing un véritable krach sur les laines, dont les tristes effets ont amené la ruine de la plupart des maisons de commerce de ces places. Les pertes ont été évaluées à plus de 50 millions.

Une spéculation insensée s'était engagée sur les laines; livrée à elle-même, elle dépassa toute mesure. La réaction ne tarda point, la baisse arriva rapide, les négociants, effrayés de leur imprudence, cherchèrent à maintenir les cours par de nouveaux achats à terme, mais en disproportion avec leurs ressources et dont ils ne purent prendre livraison. Ils précipitèrent simplement le mouvement. Le marché à terme, arme à deux tranchants, est-il en tout cela le seul coupable? Il est permis d'en douter (art. de M. P. Leroy-Beaulieu, *Economiste français* du 15 septembre 1900).

avis de modération qu'ils transmettent à leur clientèle.

Comme le dit si bien M. Manchez, en quoi cela peut-il entraver les transactions? Des liquidations de positions faites en temps utile ne préjudicient en rien à la spéculation, car naturellement la reprise arrive d'autant plus vite, et la bourse gagne, à cette manière de faire, de chômer moins rarement qu'autrefois (¹).

L'établissement de la solidarité des agents de change a eu aussi un autre avantage, sur lequel il est bon de s'appesantir : il a donné à la spéculation un aide précieux en faisant diminuer dans une sensible mesure le loyer de l'argent en bourse.

Les capitaux aiment la sécurité et ne s'offrent avec abondance que lorsque des garanties sérieuses leur sont offertes.

Jusqu'alors les opérations de reports étaient considérées comme des plus aléatoires, la garantie du titre primait de beaucoup celle de l'intermédiaire négociateur. Les valeurs spéculatives, offrant des aléas considérables, par le fait même qu'elles sont des valeurs de spéculation, ne trouvaient de l'argent qu'à des conditions souvent très onéreuses. En 1881 et 1882, le taux dépassait 12 p. 100 ; à Londres, il est encore souvent à 7 et 8 p. 100 sur certaines valeurs.

Sur le marché en banque de Paris, le report est également beaucoup plus élevé qu'au marché officiel, il est

(¹) Georges Manchez, *Le marché financier de Paris, Organisation et fonctionnement, Congrès international des valeurs mobilières*, juin 1900, 1er fascicule, p. 36.

Tandonnet   8

même des sociétés financières offrant aux déposants de fonds en reports 7 et 10 p. 100, quelquefois davantage ; vraisemblablement de si alléchantes promesses sont-elles nécessaires pour faire oublier un crédit par trop attaqué (¹).

L'argent est devenu abondant dans les charges, attiré par le crédit corporatif de la chambre syndicale des agents de change, estimé avec raison par certains, comme supérieur sinon équivalent à celui de bien des sociétés de crédit.

Et les disponibilités de 1 à 3 mois se sont portées naturellement vers les reports, y trouvant non plus des 1/2 à 1 p. 100, mais quelquefois du 2 3/4 et 3 1/2 p. 100 même un taux supérieur, courtages de reports compris, sur des valeurs de tout premier ordre comme la rente française (²).

Pourquoi le public avisé laisserait-il aux sociétés de crédit un bénéfice qu'il peut si facilement saisir lui-même ?

On ne saurait trop insister sur l'importance de ce résultat obtenu par la Réorganisation du marché de 1898, et souvent ignoré par le gros public.

Et, entre parenthèses, il serait à souhaiter que les établissements de crédit abandonnant dans une certaine

---

(¹) Il est bon de faire remarquer que sur le marché en banque, certaines maisons de coulisse ne peuvent trouver de l'argent pour leurs reports qu'à des conditions plus onéreuses que certaines autres dont le crédit est mieux assis.

(²) La plupart des Sociétés de crédit offrent en effet à leurs déposants un intérêt dont le taux est à peu près ainsi fixé : 1/2 p. 100 à vue ; 1 p. 100 à trois mois.

mesure l'usage de placer leurs disponibilités en reports, devenus moins avantageux par le fait de la concurrence du public, vinssent un peu plus à l'aide de l'industrie et du commerce, petit et grand, en escomptant d'une façon plus bienveillante les effets présentés à leurs guichets.

Il ne faut pas conclure cependant que les sociétés de crédit n'aient cherché souvent dans la plus large mesure à venir en aide au marché financier.

Mais souvent leur concours est dangereux et trompeur, lorsque par le prêt de disponibilités énormes destinées à reporter les positions à la hausse existant sur certaines valeurs émises et soutenues par elles, elles cherchent à dissimuler par un taux de report fictif l'importance de ces positions.

Les sociétés de crédit ne devraient enfin pas perdre de vue qu'en reportant des positions à la bourse, avec les dépôts à vue de leur clientèle et sans son assentiment, elles exposent le marché financier et s'exposent elles-mêmes aux pires catastrophes.

Une panique viendrait-elle à se produire et des remboursements nombreux leur étant demandés, elles pourraient se voir exposées à de graves dangers.

L'émancipation de la spéculation de la tutelle des établissements de crédit est donc heureuse; il faut la poursuivre encore.

Les établissements de crédit, par leur entente commune, étaient les vrais maîtres du marché financier.

Au moment des liquidations, leur intervention se traduisait souvent par des mouvements de cours très brusques. Maîtres des titres, maîtres de l'argent, ils

pouvaient, par leurs efforts combinés, amener une hausse
importante des cours en levant le titre ou au contraire
une baisse non moins rapide en dénonçant leurs reports
purement et simplement ou en se montrant d'une
grande exigence pour le taux de ceux-ci. Par l'escompte
dans le courant du mois, ils pouvaient, grâce aussi à
leurs dépôts considérables, broyer en quelque sorte les
vendeurs à découvert, les obligeant à racheter précipi-
tamment au comptant les titres vendus à terme et
faussaient de la sorte les cours, aux dépens de la petite
spéculation.

*   *
*

Le mouvement d'affaires sur les valeurs mobilières
a pris à la Bourse de Paris une grande importance,
depuis deux ans.

Bien des valeurs nouvelles ont été introduites au parquet, notamment des sociétés de tramways : Est-Parisien,
Ouest-Parisien, Compagnie générale de tramways, Métropolitain, Omnium lyonnais, etc. Ces valeurs sont
l'objet de négociations nombreuses fermes et à primes.

La Thomson-Houston et la Compagnie générale de
traction ont aussi un marché très animé.

En valeurs de charbonnages, la Sosnowice, les Sels
gemmes, Rykowski, Routchenko, ces deux dernières
transfuges du marché en banque, au moment de la hausse
sur les charbons, ont donné lieu à des transactions très
suivies.

Les établissements de crédit : Crédit Lyonnais, Banque
de Paris et des Pays-Bas, Comptoir national d'escompte,
Société générale, etc., ont été très recherchés eux-mêmes

par la spéculation depuis la Réorganisation de 1898 sur l'augmentation de leurs dividendes et le développement de leurs affaires. Les conséquences funestes que devait avoir pour ces sociétés la réorganisation du marché, conséquences prévues par la plupart des économistes, ne se sont pas réalisées.

« On se plaint, disait M. Vidal-Naquet dans les discussions de la Société d'économie politique du 6 juin 1898 sur la réorganisation du marché financier, que les établissements de crédit ne fassent pas assez d'émissions, la raison est pour moi dans ce fait, qu'ils n'ont pas assez de liberté pour négocier ».

Cette assertion ne semble pas absolument fondée. La puissance des établissements de crédit n'a nullement souffert de la réorganisation du marché (¹), ils ne peuvent plus, il est vrai, faire leurs applications entre clients et leurs reports hors bourse sur les valeurs se négociant au marché officiel.

La faculté de faire des émissions, de créer de nouvelles affaires ne leur a pas été enlevée. La plupart des emprunts d'Etat étrangers sont déjà introduits à la cote officielle, les établissements de crédit ont obtenu et obtiendraient toute facilité pour l'introduction de nouveaux emprunts de ces Etats. Pour les émissions nouvelles d'obligations de chemins de fer étrangers déjà cotés, la cotation serait aussi facile à obtenir.

___

(¹) Les rapports annuels de leurs conseils d'administration pour l'année 1899 sont au contraire très affirmatifs sur l'importance des résultats obtenus (Cf. notamment les rapports du Crédit lyonnais, du Comptoir national d'escompte, de la Société générale et aussi leurs communications au Congrès des valeurs mobilières (juin 1900).

Si les établissements de crédit ne pouvaient obtenir l'introduction au Parquet des actions de certaines Sociétés ne présentant pas toutes les garanties désirables, ils pourraient faire négocier ces titres sur le marché en Banque où ils trouveraient toujours le meilleur accueil. Leur clientèle sollicitée par eux se porterait sur ces titres nouveaux ; la coulisse, par son activité, sa science des affaires leur serait très utile. Au bout de deux, trois ans, si le titre a fait ses preuves, s'il est l'objet de transactions nombreuses, ils obtiendraient facilement l'introduction au Parquet tant désirée.

Cette parenthèse sur les établissements de crédit, leur puissance financière et leur facilité de négocier leurs émissions étant fermée, poursuivons l'examen rapide du marché de Paris.

Un des reproches adressés le plus souvent au marché officiel est celui-ci : *Il n'est pas compatible avec le marché des valeurs internationales, avec les arbitrages.*

Or de nombreuses valeurs internationales sont inscrites à la cote officielle des agents de change de Paris : Brésil 4 0/0, Extérieure d'Espagne, Italien, Turc, Portugais, Banque ottomane, Méridionaux, Rio-Tinto, Suez, etc.

Les prétentions des adversaires du marché officiel ont été de nouveau démenties par les faits.

Avant la réforme de 1898, on ne peut le nier, les arbitragistes trouvaient pour leurs opérations de grandes facilités dans l'intermédiaire de la coulisse.

Membres eux-mêmes pour la plupart de maisons de coulisse des valeurs négociant certaines valeurs internationales inscrites à la cote officielle, ils exécutaient leurs opérations à de minuscules courtages et assez facilement grâce surtout à l'élasticité des cotes du marché en banque.

Le marché officiel agrandi, remanié, débarrassé de la concurrence de la coulisse elle-même, comment peut-on soutenir l'impossibilité d'y exécuter les opérations d'arbitrage avec les places étrangères ?

Avant le 1er juillet 1898, l'Italien était une des rares valeurs internationales dont la coulisse ne s'occupait pas. Sur ce fonds d'Etat, les opérations d'arbitrage étaient rares, cela est vrai ; à certains moments, néanmoins, ces opérations portèrent sur des chiffres importants. L'organisation du marché officiel d'alors n'était donc pas incompatible avec ces opérations particulièrement productives pour le fisc depuis la loi du 28 avril 1893.

Depuis la réorganisation du marché officiel agrandi, grâce à la création de groupes spéciaux de valeurs, grâce à la diminution des courtages, les opérations d'arbitrages avec les places étrangères n'ont nullement été entravées.

Si certaines valeurs ont été laissées de côté, les fonds Ottomans, le Portugais, par exemple, d'autres sont l'objet chaque jour d'opérations d'arbitrages considérables avec les places étrangères, notamment Londres et Bruxelles (Extérieure, Rio-Tinto, Banque ottomane, Brésil 4 0/0).

Plusieurs maisons de coulisse françaises installées à Bruxelles font avec Paris des opérations d'arbitrages

suivies sur les actions des chemins de fer espagnols
(Saragosse, Nord Espagne), le Métropolitain, la Pari-
sienne électrique et certaines valeurs négociées au marché officiel de la Bourse de Paris.

Les transactions pourraient-elles avoir avec un marché
entièrement libre une ampleur plus grande ? Cela est
possible, probable même. Les avantages présentés par
un marché restreint étant d'un autre côté très appréciables, il faut bien sacrifier quelque chose.

Ce qu'il ne faut pas dire, et c'est sur ce point qu'il
faut surtout insister, c'est que notre marché officiel,
monopolisé mais agrandi, soit contraire aux transactions de bourse, au développement des affaires.

Les faits se sont chargés eux-mêmes de démontrer
l'inanité de pareilles assertions.

II. *De la prétendue insuffisance du nombre des agents*
de change.

L'argument, en quelque sorte traditionnel, invoqué
contre le maintien, autrefois des soixante, aujourd'hui
des soixante-dix agents de change de Paris, c'est que
leur nombre ne répond plus à l'importance des valeurs
mobilières en circulation.

Quelques-uns de leurs adversaires abandonnent aujourd'hui, nous l'avons vu, cet argument ; peu leur importe le nombre plus ou moins grand de ces officiers
publics, par leur institution même, les entraves légales,
les agents de change ne peuvent, disent-ils, être des
intermédiaires utiles.

Nous chercherons malgré tout à réfuter cet argument de l'insuffisance du nombre des agents de change de Paris.

Il faut reconnaître qu'à un certain point de vue il était fondé, la chambre syndicale des agents de Paris l'a très bien compris. Dans son règlement du 29 juin 1898, elle a autorisé chaque agent de change à s'adjoindre six commis principaux admis à négocier pour son compte et sous sa responsabilité. Cela fait donc 490 intermédiaires pour le marché officiel, au lieu de 70.

Trois groupes distincts de la corbeille proprement dite des agents de change sont constitués actuellement au Parquet de Paris.

Un premier groupe pour les négociations au comptant.

Un deuxième groupe s'occupant uniquement des négociations de la Rente Extérieure espagnole à terme, groupe très animé par suite des transactions très nombreuses opérées sur cette rente, mais auquel il faudra probablement joindre la négociation d'autres valeurs, lorsque la spéculation abandonnera ce fonds d'Etat et sera fixée définitivement sur le sort réservé aux porteurs de la Rente estampillée.

Un troisième groupe, très important, dit groupe du Rio, où s'effectuent les négociations à terme sur cette valeur et celles sur le Portugais, les fonds ottomans (Turc C et Turc D), la Banque ottomane.

La chambre syndicale des agents de change de Paris pourrait d'ailleurs constituer de nouveaux groupes, si le besoin s'en faisait sentir. De nouveaux groupes auraient même déjà été formés si la place ne faisait totalement défaut dans l'intérieur de la Bourse de Paris; des projets sont à l'étude pour l'agrandissement du Palais Vivienne.

Le nombre actuel des intermédiaires au marché officiel (agents et commis principaux) semble suffisant aux besoins des transactions. Si le nombre des titulaires a peu augmenté, celui de leurs commis a décuplé.

Chaque charge d'agent de change à Paris est devenue une véritable administration, ses bureaux se sont augmentés d'un personnel de fondés de pouvoirs, de commis, de remisiers, d'employés en rapport avec les besoins de la clientèle.

Chaque agent, pendant la durée de la bourse, se tient, par ses remisiers, commis principaux, simples commis, en contact constant avec sa clientèle de Paris ; le téléphone lui envoie les ordres de sa clientèle des départements (¹).

A Londres, les membres du Stock-Exchange sont beaucoup plus nombreux, le nombre de valeurs à négocier est aussi bien plus considérable.

Si d'ailleurs le besoin de nouveaux intermédiaires officiels se faisait sentir, il pourrait être créé de nouvelles charges par décret.

Actuellement, de l'avis presque unanime, le nombre de soixante-dix agents de change est suffisant.

(¹) A Londres, les membres du Stock-Exchange ont seuls accès à la Bourse. Le public ne peut y pénétrer ; il y a là pour lui un désavantage très marqué.

III. *Des droits de courtages actuels et de leur influence sur le développement des affaires.*

Avant la réforme de 1898, les adversaires du monopole des agents de change se plaignaient de la cherté des courtages prélevés par ceux-ci comme étant nuisible aux affaires. Les courtages de reports, cela est bien certain, étaient très lourds. Le taux était celui des négociations à terme ordinaires. Le capitaliste, voulant placer ses fonds en reports, voyait son profit décroître, diminuer presque de moitié par le paiement des courtages, il s'abstenait donc de ce genre de placement.

Les tarifs de courtage, de reports et de négociations proprement dites ont été considérablement diminués en 1898. Cette réforme si attendue n'est plus maintenant appréciée par les adversaires des agents de change. Certains l'attaqueraient même comme trop complète : à Londres, dit-on, les courtages sont plus élevés. Le mieux est l'ennemi du bien.

De chauds défenseurs du monopole des agents de change et de la Réorganisation de 1898, parmi lesquels M. Georges Manchez, publiciste-rédacteur au « *Temps* », reprochent eux aussi aux décrets du 29 juin 1898 d'être allés un peu trop loin dans la voie de ces diminutions de courtages ([1]).

D'après cet éminent publiciste, les plus petites valeurs, celles cotées au-dessous de 100 fr., donnent lieu à des courtages si réduits que ni les agents de change

---

([1]) Georges Manchez, Rapport présenté au Congrès des valeurs mobilières (juin 1900).

ni les remisiers n'ont intérêt à inciter la clientèle à opérer sur ces valeurs. Une catégorie très importante de titres officiellement cotés se trouve par ce fait de plus en plus délaissée, au grand détriment du public.

La diminution des courtages, d'après M. Manchez, n'était pas nécessaire au développement des affaires. Les agents de change, eu égard aux risques encourus, ont besoin de se constituer de fortes réserves pour faire face aux défaillances de la clientèle.

Les raisons alléguées par M. Manchez sont, à certains points de vue, absolument fondées, mais alors nous tournons dans un cercle vicieux. On ne peut nier par contre l'influence très heureuse de la diminution des courtages, notamment des courtages de reports, sur le développement des affaires.

On se plaignait de leur pénurie avant 1898. Maintenant elles augmentent dans de vastes proportions, avec en même temps les risques des agents de change. Augmentez les courtages, vous diminuez les affaires, diminuez les courtages, vous augmentez les risques des intermédiaires. Où est le juste milieu? Il est bien difficile de le dire.

La proportion de 0 fr. 10 centimes pour cent est des plus rationnelles. Si un agent de change a un solde d'acheteurs de 2.000 Thomson-Houston à 1.500 fr., ses risques sont beaucoup plus grands que si ce solde d'acheteurs est de 2.000 actions Saragosse à 300 fr. Il est cinq fois plus grand. Au cas de positions à la baisse, il n'en est plus ainsi, mais on ne peut envisager les risques des agents de change dans les périodes de grande prospérité.

Le deuxième argument de M. Manchez nous semble
beaucoup plus juste. La diminution trop forte des courtages diminue par le fait les remises des remisiers, et
ceux-ci, comme leur responsabilité est toujours la même,
préfèrent abandonner la partie. Cette abstention doit
être funeste au marché, les remisiers apportant dans
les charges un nombre d'affaires considérable.

On a diminué les courtages, on a diminué les remises,
rien de mieux, mais le quantum des remises a aussi
diminué. C'était il logique? Avant 1898 il était de 33 0/0
pour les affaires, de 50 0/0 pour les reports. Il est tombé
à 30 0/0 pour les affaires, à 15 0/0 sur les reports.

Sur une position reportée, dira-t-on, ce ne sont pas
de nouveaux risques, la simple prolongation de risques
anciens. Oui, mais aussi la prolongation de la responsabilité des remisiers.

La diminution de 33 à 30 0/0 des remises sur affaires
est insignifiante; celle de 50 à 15 0/0 sur les reports
est trop considérable; une réforme faite en ce sens, les
remisiers ne pourraient rationnellement se plaindre.

Ils devront alors chercher à prendre les seuls ordres
d'une clientèle sérieuse et solvable, la modicité des
courtages augmentera très sensiblement le chiffre des
affaires et, par le fait, de leurs remises.

IV. *L'organisation actuelle du marché financier et le Crédit
public.*

Dans les discussions qui eurent lieu devant les
Chambres en 1893 et en 1898, les adversaires du mar-

ché monopolisé ont cherché à démontrer que la cause
du crédit public était intimement liée au maintien de
la coulisse.

Leurs arguments, nous l'avons vu, furent sans doute
décisifs, puisqu'en fait l'organisation actuelle a maintenu la coulisse des rentes pour les négociations à
terme sur le 3 p. 100 perpétuel, mais en la plaçant
désormais sous le contrôle de la chambre syndicale
des agents de change.

Dans notre étude historique des empiètements de la
coulisse sur le monopole de ces officiers publics, nous
l'avons trouvée à travers ce siècle toujours intéressée
à la bonne tenue de nos fonds publics.

Il importe de constater le fait, sans qu'il soit nécessaire pour cela de faire à la coulisse un mérite de ce
qui peut être plutôt considéré comme une habileté de
sa part, une politesse à l'égard des gouvernements
successifs de notre pays en retour de leur condescen-
dance à laisser impunément violer la loi.

Mais il faut reconnaître les signalés services rendus
par elle à notre pays à la suite de nos revers de 1870-71.
La coulisse a soutenu nos emprunts, dirigé la spéculation sur nos rentes par suite en a indirectement favo-
risé le classement.

Il était difficile aux agents de change, ne pouvant
faire des opérations pour eux-mêmes, de jouer un rôle
aussi actif dans la restauration de notre crédit national. Il leur serait également difficile, dans l'avenir,
d'empêcher les manœuvres d'une spéculation coupable
voulant dans un but politique ou autre chercher à

détruire le crédit de l'Etat par une forte baisse sur nos fonds publics. Le gouvernement saurait d'ailleurs, en cette occurrence, prendre toutes les mesures jugées utiles, même les mesures correctionnelles, il trouverait auprès de la chambre syndicale des agents de change de Paris l'appui le plus empressé.

Nos rentes sont actuellement parmi les fonds d'Etat les mieux assis et les mieux classés.

Le mouvement de réaction qui, depuis trois ans, se poursuit sur les valeurs à revenu fixe les a laissées presque indemnes. Tandis que le 2 3/4 anglais (Consolidés) est tombé de 112 aux environs de 99 francs, les russes 3 p. 100 (1891 et 1896) à 84, 85 francs; que la plupart des fonds d'Etat restent bien au-dessous du pair, notre 3 p. 100 perpétuel oscille toujours autour de 100 francs, plutôt au-dessus du pair qu'au-dessous (¹).

La coulisse des rentes peut ne pas être étrangère au maintien de notre grand fonds national; son marché de primes fin courant, fin prochain, même de petites primes pour le lendemain entretient une activité regardée comme très utile au maintien des cours, grâce aux mouvements de l'échelle (²).

(¹) V. la cote officielle de la Bourse (juin-juillet-août, 1900).
(²) L'échelle est un groupe de spéculateurs composé principalement de coulissiers opérant à peu près de la façon suivante : Les échelliers achètent de la rente ferme et revendent le double à prime dont 25 par exemple pour la liquidation, le ferme arrivant au prix de la prime, ils en achètent de nouveau la même quantité et en revendent toujours le double à prime. Les mouvements de l'échelle entretiennent sur le 3 p. 100 un mouvement assez actif, peut-être un peu factice.

D'autres raisons militent aussi en faveur de la bonne tenue de notre 3 p. 100 et de nos rentes en général. Par l'exemption de tout impôt sur leur revenu elles méritent la faveur des capitalistes.

Il est encore utile de faire ressortir que le marché à terme de la coulisse est placé sous la surveillance directe de la chambre syndicale des agents de change, qu'il est surtout influencé par le marché du comptant.

M. A. Chaperon, directeur de la dette inscrite au Ministère des finances, dans un rapport présenté au Congrès des valeurs mobilières, indique la proportion de 75 p. 100 comme étant celle des rentes nominatives, en comparaison avec le montant total des rentes sur le 3 p. 100 perpétuel.

La bonne tenue de nos rentes ne doit-elle pas aussi être attribuée, dans une certaine mesure, à ce fait : depuis l'année 1880, à partir de la création de la Caisse d'épargne postale et des modifications apportées à la législation sur les caisses d'épargne et sur la Caisse des retraites pour la vieillesse, la Caisse des dépôts et consignations a été chargée de la gestion des fonds appartenant à ces trois caisses.

Elle est depuis lors devenue titulaire d'une grande quantité de rentes dont le nombre va sans cesse en augmentant.

Un impôt égal à celui frappant les valeurs mobilières ordinaires viendrait-il à être mis sur nos rentes (¹), une complication européenne ou une crise financière

(¹) On a agité vaguement la question, ces temps derniers, de mettre un impôt sur nos rentes.

graves se produiraient-elles, il est puéril de croire la coulisse capable d'arrêter la dépréciation de nos fonds publics, elle l'accélèrerait même au contraire davantage. Les coulissiers, trop « engagés » à la hausse, seraient les premiers à « jeter » sur le marché « leur trop plein » au grand désavantage de leur clientèle et du maintien des cours.

CHAPITRE III

DU RÔLE DE LA COULISSE. SON AVENIR.

Dans ces quelques pages sur le rôle et l'avenir de la coulisse en France nous chercherons, comme nous l'avons fait dans l'ensemble de cette étude, à nous dégager de toute opinion préconçue. Si nous avons tenté de montrer la nécessité d'un marché officiel réglementé, étroitement surveillé par l'Etat, les avantages d'un marché libre nous paraissent par contre indéniables.

Nous ne saurions mieux faire, pour mettre en évidence l'utilité réciproque de ces deux marchés, que d'emprunter le premier alinéa de la conclusion prise par M. Max Dubreuil-Chambardel à la fin de son intéressante étude sur le monopole des agents de change ([1]); conclusions, ajouterons-nous, qu'il était difficile de prévoir après avoir lu son livre, où est soutenue une thèse diamétralement opposée à celle-ci.

M. Dubreuil-Chambardel s'exprime ainsi :

([1]) Max Dubreuil-Chambardel, *Du monopole des agents de change et de la réorganisation du marché financier*. Thèse de Paris, 1898.

« Il est un principe qui devrait, je l'estime du moins, dominer toute idée de réorganisation de notre marché financier, c'est qu'il existe réellement et qu'il doit exister logiquement deux marchés différents et par l'esprit qui dirige les affaires qui s'y traitent, et par le rôle économique particulier que chacun se trouve appelé à remplir, ayant chacun sa raison d'être, remplissant une fonction déterminée, demandant un organisme spécial ».

Comme l'explique très bien M. Dubreuil-Chambardel, la différence de nature de ces deux marchés vient de celle des capitaux qui y sont engagés. Au marché officiel, c'est un capital acquis ailleurs, voulant le repos ; au marché libre, un capital qui se crée, qui travaille.

Au marché officiel, donnons la sécurité (sécurité des intermédiaires, sécurité des titres négociés, dans la mesure du possible) ; laissons au marché libre son plein essor, que le champ à lui ouvert ait de vastes horizons.

Puisque les coulissiers, comme le dit avec infiniment de raison M. Manchez (¹), ne sont pas tentés par les risques du jobber ou de l'arbitragiste, nous voudrions les voir se consacrer à la création d'affaires industriel-les et commerciales. Ils feraient œuvre utile en intéressant les capitaux français dans des entreprises souvent hasardeuses, quelquefois très productives. Laissant de côté leur unique objectif de disputer aux intermédiaires officiels leurs courtages sur les valeurs cotées, ils ne chercheraient plus à s'enrichir en chassant sur le domaine d'autrui ; leur activité ainsi employée produirait de bien meilleurs résultats.

(¹) G. Manchez. Rapport cité.

Je ne peux penser que la spéculation elle-même ait à jamais oublié le chemin du marché libre. Il n'est pas défendu à la coulisse de l'attirer à elle et de chercher à la détacher du marché officiel. C'est son droit le plus strict. La spéculation aime les aléas, elle en trouvera dans les valeurs négociées en banque.

Décriée par les malversations de certains individus dits coulissiers, — or on était coulissier dès que l'on s'occupait habituellement d'opérations sur valeurs mobilières à la Bourse, en dehors de l'intervention de l'agent de change (1) — et comme il était peu aisé pour le public de reconnaître le « bon » coulissier parmi les si nombreux ne l'étant pas, la coulisse, il faut lire « les bons coulissiers », s'est réunie.

Sentant sa faiblesse dans son état inorganique, elle a cherché à se grouper, à donner au public de sérieuses garanties, dont la première fut d'exclure de son sein tous les individus ne présentant pas une surface suffisante. La loi du 21 mars 1884 sur les syndicats professionnels permit à ces groupes de banquiers, s'étant respectivement agréés entre eux, d'exister légalement.

Deux syndicats se formèrent : celui des banquiers en valeurs à terme, celui des banquiers en valeurs au comptant.

Ces syndicats ont arrêté leurs statuts ; les dispositions de leur règlement s'appliquent indistinctement à tous leurs membres.

Dans ce règlement (l'idée d'étroite réglementation

(1) Communication faite au Congrès des valeurs mobilières par MM. Oudin et Vidal sur l'organisation du marché libre à la Bourse de Paris.

est si innée en France), la coulisse a cherché à se donner le rôle de « Marché officiel du marché libre ».

Nous ne saurions nous plaindre de ces bonnes inten-
tions. En cherchant à donner au public les garanties
du marché officiel des agents de change, la coulisse
mérite des éloges, ses efforts doivent être récompensés.
C'est donc sur l'organisation du marché officiel qu'elle
a copié la sienne, à peine de ci de là de minuscules
différences.

C'est par une chambre syndicale, investie de pleins
pouvoirs que les syndicats sont administrés ; pouvoirs
touchant l'intérêt syndical, l'élaboration des règlements,
le bon fonctionnement des opérations, l'administration
du fonds commun. Elle peut même, cette chambre,
juger dans certains cas en dernier ressort, les différends venant à s'élever entre les membres du syndicat.

L'art. 8 du règlement donne à la chambre syndicale
la mission de surveiller la régularité des cours sur le
marché, l'art. 9 celle d'enregistrer publiquement les
cours des opérations et ceux des reports. La chambre
syndicale a une cote officielle, à qui on peut faire le
seul reproche de n'être pas assez répandue, tandis que
de nombreuses cotes, dont les mentions de cours sont
outrageusement dissemblables, foisonnent à l'envi entre-
tenant sur les cours cotés en banque un flou regrettable.
Une utile réforme consisterait dans l'inscription exacte
des premiers cours cotés à terme, ce premier cours
devrait lier tous les membres du syndicat de la coulisse.

La chambre syndicale a pleins pouvoirs pour l'organisation des groupes, la liquidation des opérations engagées, la fixation des cours de compensation; la police de marché en un mot lui appartient.

Nous avons gardé pour la fin ce qui a trait aux pouvoirs de la chambre syndicale des syndicats de la coulisse sur l'admission des valeurs à la cote. Si après s'être fait présenter les statuts de la société demanderesse, en avoir examiné les derniers bilans, elle refuse l'admission, aucun recours ne peut être admis contre ses décisions.

Que nous sommes loin, semble-t-il, de cette liberté invoquée si souvent! Par l'étroitesse de vues de certains membres de la chambre syndicale, pour de mesquines questions personnelles, de nombreuses sociétés vont être mises à l'index, très heureuses lorsque, n'ayant pu fléchir les rigueurs de la chambre syndicale des syndicats de la coulisse, elles pourront faire figurer le cours de leurs titres, moyennant finance, sur quelque cote hospitalière; et nous trouvons ainsi de multiples cotes de la banque, jusqu'à celle « des pieds humides » où pour 50 centimes, même moins, des titres parfaitement gravés sont offerts au public.

Ajoutons enfin, comme détail intéressant, que chaque maison de coulisse du syndicat doit justifier d'un capital de 300,000 fr. et doit déposer dans l'intervalle de chaque liquidation une somme de 100,000 fr. à la chambre syndicale. Peut-être pourrait-on trouver ces sommes un peu insuffisantes.

Voici donc sommairement étudiée l'organisation des syndicats de la coulisse; nous avons esquissé le rôle de celle-ci, il ne nous reste plus qu'à conjecturer sur son avenir.

Son avenir, il semble pour l'instant peu souriant, l'ère des récriminations n'étant pas encore terminée, la coulisse n'a pu se mettre utilement à l'œuvre. Si l'on en excepte le compartiment des mines d'or, il n'y a que peu de valeurs négociées à terme sur le marché en banque, elles ne donnent lieu qu'à de rares transactions, citons : la Kertch, le Brésil 5 0/0, les chemins ottomans, la Tharsis, la Cape Copper, la Huanchaca, et c'est à peu près tout ([1]).

Au comptant, de très nombreuses valeurs sont négociées, dont quelques-unes très estimables. Le grand tort des banquiers de la coulisse est de majorer considérablement le prix des valeurs au moment de leur introduction sur le marché. Les meilleures supportent encore aisément cette majoration, la plupart encore mal assises ne tardent pas à s'effondrer misérablement devant les premiers résultats de l'exploitation, disproportionnés souvent avec les premiers cours inscrits. Depuis trois ans, de nombreuses valeurs de métallurgie russes ont été introduites ; les cours de celles-ci ont baissé dans de fortes proportions.

Mais la coulisse doit trouver un vaste champ à son activité dans la mise en valeur de notre domaine colonial, par l'exploitation de ses richesses minières et agricoles.

([1]) Au dernier moment, nous apprenons que le syndicat de la coulisse à terme vient d'admettre la fameuse mine de charbons allemande « la Harpener » (septembre 1900).

Elle s'est, depuis près de deux ans, engagée dans cette œuvre; elle y persistera vraisemblablement, je l'espère.

CHAPITRE IV

DES AGENTS DE CHANGE DE PROVINCE

Tout comme les agents de change de Paris, ceux de province ont le même monopole de la négociation des effets publics et autres, susceptibles d'être cotés ; l'étendue de celui-ci est également déterminé sur leur place par l'art. 76 du C. com.

Comme les agents de change de Paris, ils sont nommés par décret du chef de l'État sur la présentation de la chambre syndicale de la ville où ils exercent, sur celle du tribunal de commerce dans les villes non pourvues de parquet. Les préfets des départements transmettent leurs demandes au ministre des finances avec leur avis motivé. Les agents de province avant d'entrer en fonctions doivent verser un cautionnement au Trésor. Ce cautionnement est fixé à 40,000 fr. pour Lyon, à 30,000 fr. pour Marseille et Bordeaux, à 12,000 fr. pour Toulouse et Lille. Les agents de province peuvent, comme les agents de Paris, s'adjoindre des bailleurs de fonds intéressés.

Ils sont soumis aux mêmes obligations que les agents de change de Paris.

Les attributions des chambres syndicales des parquets de province sur la surveillance de leurs membres, la liquidation de leurs opérations, la confection de la cote sont identiques à celles de la chambre syndicale des agents de change de Paris.

L'utilité des agents de province ne peut se discuter, ils apportent dans les transactions sur les valeurs mobilières les mêmes services que leurs confrères de Paris, leurs droits sont tout aussi respectables.

Si les agents de Paris ont eu à lutter contre les empiètements de la coulisse, les agents de province ont eu à souffrir la concurrence non moins redoutable des établissements de crédit. Je ne parle pas seulement des grandes sociétés telles que le Crédit Lyonnais, le Comptoir National d'escompte, la Société générale, sociétés d'une parfaite honorabilité commerciale, mais encore de ces établissements de crédit : maisons de banque plus ou moins interlopes, utiles pour le troc des monnaies étrangères et pour l'émission des petites valeurs locales, dont la charlatanesque réclame a néanmoins surtout pour but de concurrencer les agents de change.

Dans quelle mesure la réorganisation de 1898 a-t-elle fait cesser cet état de choses et a-t-elle été favorable à ceux-ci ? Dans une bien faible mesure, dirons-nous d'abord.

L'obligation du bordereau pour les négociations de valeurs inscrites à la cote officielle n'a fait disparaître que très partiellement la concurrence des établissements de crédit.

Ceux-ci adressent la plupart du temps leurs ordres à Paris, peut-être à cause de l'étroitesse des marchés de province, plus probablement pour les facilités de courtages qu'ils y rencontrent.

L'établissement de la solidarité entre les agents de change de Paris a aussi causé aux agents de province un préjudice indirect, en y amenant une plus grande centralisation des ordres.

Il est difficile aux parquets de province d'établir la solidarité entre leurs membres, eu égard au petit nombre de ceux-ci, au peu d'importance des cautionnements et du fonds commun, à la valeur minime du prix des charges ; leur sort est, dans une certaine mesure, entre les mains du parquet de Paris dont ils sont presque devenus de simples remisiers.

Exception faite pour la place de Lyon, dont l'importance financière est cependant bien diminuée depuis 1882, il n'y a pas de marché de terme très important dans les différentes bourses de province (¹).

Les agents de change de ces villes sont souvent obligés de transmettre à Paris un grand nombre d'ordres, principalement d'ordres à terme dont il leur est impossible d'assurer l'exécution sur leur marché. Les agents de Paris leur allouent une remise de 40 p. 100, de 10 p. 100 seulement supérieure à celle accordée aux simples remisiers de Paris ; pour les reports, elle est la même, de 15 p. 100.

L'arbitrage sur les valeurs internationales avec les autres places serait souvent possible, mais les bourses de Lyon, Marseille et Bordeaux ont lieu avant l'ouverture de celle de Paris.

(¹) A Bordeaux, néanmoins, certaines valeurs de spéculation sont journellement et largement traitées : Rio-Tinto, Extérieure d'Espagne, Italien, chemins espagnols, Sosnowice.

La plus grande cause d'infériorité des bourses de valeurs de province réside surtout dans le peu d'empressement des capitaux locaux, à s'intéresser aux marchés de bourses par les reports. Ces places sont alors nécessairement tributaires de Paris, les opérations à terme qui y sont conclues y sont compensables sauf celles sur les rentes françaises.

Somme toute, l'infériorité des marchés de province par rapport à celui de Paris est trop grande.

Pour donner à ces marchés une vie nouvelle, des réformes sont nécessaires. Nous en voyons :

1° Dans la réduction des courtages. Il importe d'égaliser le plus possible le taux pratiqué dans ces places avec le courtage de Paris.

2° Les bourses de province devraient se tenir pendant la durée même de celle de Paris. La plupart ont lieu le matin, ce qui entrave les négociations. Sur quels cours, en effet, doivent-elles se conclure ? Sur les cours de la veille de la bourse de Paris ? Ils ne sont peut-être plus exacts. Ou sur ceux probables du jour ? Mais il est souvent difficile de les préjuger.

Dans la crainte de se tromper et n'ayant souvent pas reçu mission de leurs clients d'agir au mieux, les agents de province transmettent leurs ordres à Paris, ils se font ainsi les complices de leur propre impuissance.

3° Pourquoi enfin les parquets de province ne chercheraient-ils pas à avoir un marché autonome, comme cela existe dans une certaine mesure à Marseille ?

L'unité de négociation des valeurs à terme de Paris étant trop élevée, ils pourraient fixer cette unité à

cinq titres, la diminuer, en un mot, des quatre cinquiè-
mes.

Les opérations de reports seraient ainsi rendues beaucoup plus faciles, la petite spéculation pourrait véritablement profiter des avantages des marchés à terme
dont elle est privée actuellement pour les titres cotés à
un prix trop élevé, dont il est dans ces conditions sage,
même indispensable de l'écarter pour éviter des crises
graves.

Les bourses de province ont, d'un autre côté, un vaste
horizon ouvert devant elles, ne pouvant que s'agrandir;
nous voulons parler de la négociation des valeurs
locales. Il existe dans ces villes un grand nombre de
sociétés dont les titres ne sont pas cotés à la cote officielle de Paris mais peuvent avec avantages obtenir la
cotation dans ces bourses. Quelques-unes, de trop
minime importance, n'osent la solliciter. Il est à penser
qu'avec le développement inouï des sociétés anonymes
et de leur champ d'action, de très nombreuses valeurs
s'ajouteront à celles déjà inscrites.

Deux bourses ont à ce point de vue une importance
prépondérante : Lyon et Lille.

Bourse de Lyon. — L'institution des courtiers et
agents de change à Lyon remonte à l'installation des
foires sous le règne de Louis XI ; leur nombre actuel
est de vingt-sept. Les affaires de change, nous l'avons
vu dans notre exposé historique, y occupèrent toujours
une grande place. Le parquet de Lyon fut créé le 17 janvier 1845. Le développement des valeurs mobilières y
fut rapide.

·Ainsi que l'indique M. Charbonnier, syndic de la chambre syndicale des agents de change de Lyon ('), cette place fut une des premières à comprendre le rôle prépondérant que l'association et le développement des valeurs mobilières devaient avoir dans la transformation de la richesse individuelle et nationale.

A ce jour, il y a à la cote officielle de Lyon :

Nombre de valeurs. 204
Nombre de titres 3.150.000
Valeur nominale globale en millions de francs. 950
Valeur effective aux cours cotés en millions de francs. . . 1.750

Cette importance doit être attribuée à l'esprit d'entreprise et d'initiative des capitaux lyonnais, autant qu'à la densité de la population.

Bourse de Lille. — La bourse de Lille est d'une importance beaucoup moindre que celle de Lyon. Les agents de change sont au nombre de six. Le nombre des titres n'y est que de 934,776. Leur capital nominal est de 285 millions, mais leur valeur au 28 février 1900 est de 1 milliard 766 millions, chiffre supérieur aux titres cotés à Lyon. Sur ce chiffre les valeurs de charbonnages seules valent en capital 1.531.191.000.

Bourse de Marseille. — Les agents sont au nombre de dix-huit. Les valeurs cotées à la bourse de Marseille accusent en nombre, à la date du 28 février 1900, un total de 525.528 titres correspondant à un capital nominal de 159 millions 5. Au cours du jour la valeur de ces titres représente un capital de 233 millions 9.

(') Rapport présenté au Congrès des valeurs mobilières, juin 1900.

Bourse de Bordeaux. — Les agents sont au nombre de dix-huit. Les valeurs cotées à la bourse de Bordeaux accusent en nombre, toujours à cette même date du 28 février 1900, un total de 102.967 titres correspondant à un capital nominal de 42.036.230. Au cours du jour la valeur de ces titres vaut 38.359.000.

Bourse de Nantes. — Les agents sont au nombre de dix. Les valeurs cotées accusent en nombre à la même date 140.241 titres, le capital nominal est de 47 millions 5. Au cours du jour il est de 50 millions 5.

Bourse de Toulouse. — Les agents sont au nombre de sept. Les valeurs cotées accusent en nombre, à la date du 28 février 1900, un total de 70,339 titres correspondant à un capital nominal de 18 millions 4. Au cours du jour, la valeur de ces titres représente un capital de 19 millions 6.

Dans un grand nombre de villes nous trouvons aussi des agents de change; ils transmettent leurs ordres à Paris, leur utilité se justifie surtout pour ce qui touche aux transferts de titres nominatifs.

SECTION V

L'étude approfondie des marchés financiers étrangers eût présenté un réel intérêt, nous avons dû nous borner à l'examen des trois grandes places de Londres, Berlin et New-York.

CHAPITRE PREMIER

DU STOCK-EXCHANGE DE LONDRES

L'organisation du Stock-Exchange de Londres est particulièrement intéressante, tant par l'importance de premier ordre occupée dans le monde par cette place financière que par les rouages aussi compliqués qu'habiles grâce auxquels le Stock-Exchange, s'étant affranchi de toute tutelle de l'Etat, a cherché à se donner une admirable organisation, au public un minimum très appréciable de garanties.

I. *Histoire du Stock-Exchange.*

Le Stock-Exchange est une société libre dont l'existence remonte assez loin dans l'histoire. Formé par l'association de négociants et de courtiers en valeurs fréquentant la place de Londres, il a su se donner une entière indépendance, malgré les grands efforts faits par la législature ([1]).

Les anciens règlements du Stock-Exchange, *Rules and regulations for the conduct of business on the Stock-Exchange* (règlements pour la bonne direction des affaires sur la Bourse) ne parlent pas de la création de ces intermédiaires dont ils supposent l'existence depuis des générations, ils ne précisent pas non plus la nature et la limite de leurs fonctions.

En 1802, le 27 mars, un certain nombre de stock-brokers et de stockjobbers signèrent entre eux un acte appelé « Deed of settlement » d'après lequel un comité de trente membres, élus annuellement le 25 mars et rééligibles, devait être chargé de la direction du Stock-Exchange. Ce fut le « Commitee for general purposes » chargé d'édicter les règlements utiles à la bonne marche des affaires.

Depuis lors, le fonctionnement de la Bourse de Londres s'est maintenu, à peu de choses près, ce qu'il est aujourd'hui.

II. *Organisation actuelle.*

Le Stock-Exchange est actuellement en Angleterre le seul marché reconnu pour les fonds publics. Il se trouve entre les mains d'une corporation dont les membres sont en fait en possession d'un monopole équivalant à celui que la loi française attribue aux agents de

---

([1]) *London Stock-Exchange Commission-Minutes of evidence taken before the Commissionners presented to the both Houses by command of Her Majesty*, 1878, Appendice, p. 355.

change, car ceux-là seuls qui font partie de la corporation sont autorisés à conclure des négociations en bourse ([1]).

La corporation du Stock-Exchange est une société libre, gouvernée et administrée par un comité composé de trente membres nommés par les sociétaires (4.300 environ) un an à l'avance et pour la durée d'une année. Il a un capital de 400.000 livres sterling (10.000.000 de francs).

Les pouvoirs du comité du Stock-Exchange sont très étendus : il prononce l'admission des candidats, la confirmation des anciens membres, élabore, abroge ou modifie ses règlements, s'il naît des contestations sur les affaires traitées en bourse il les juge, il prononce l'exclusion même définitive des sociétaires s'ils refusent de se soumettre à ses décisions. Il peut enfin censurer, suspendre ou expulser définitivement les membres de la corporation coupables d'infractions aux règlements et même aux simples usages en vigueur.

Les pouvoirs du comité du Stock-Exchange sur ses membres sont donc très étendus. Le Stock-Exchange étant, en effet, un marché privé où l'on ne trouve ni la valeur à peu près immuable d'un office, ni de caisse commune, ni les multiples garanties propres aux bourses réglementées, il est aisé de comprendre que ce comité doit veiller avec un soin jaloux à n'admettre dans son sein que des membres présentant toutes les garanties désirables.

([1]) Cf. sur l'organisation du Stock-Exchange, le remarquable ouvrage de M. Georges Boudon, *La Bourse anglaise*. Pédone, Paris, 1890.

Comme le dit si bien M. Broussois : « Le crédit et le bon renom de l'institution sont faits de la somme des crédits et des probités individuels » ([1]).

Les conditions d'admission dans la corporation du Stock-Exchange sont elles-mêmes assez minutieuses ; nous allons brièvement les énumérer.

D'abord, comme nous avons eu l'occasion de le dire plus haut, pour être membre du Stock-Exchange il faut être citoyen anglais ; pour être admis les naturalisés doivent justifier d'une résidence de sept années en Angleterre, leur acte de naturalisation doit être antérieur d'au moins deux ans à leur demande d'admission.

Ces conditions de nationalité semblent peu compatibles avec la loi anglaise en général et la qualité des membres du Stock-Exchange, simples négociants non investis comme en France d'un ministère officiel. Peut-être faut-il voir dans ces dispositions des règlements du Stock-Exchange une reconnaissance de l'importance des fonctions économiques et sociales remplies par ses membres. En tout cas elles sont formelles sur ce point.

Il n'existe pas d'office, point donc comme en France de présentation par le prédécesseur, à ce point de vue l'organisation du Stock-Exchange est bien supérieure à celle de notre marché français.

Comme le comité du Stock-Exchange l'exige simplement, la demande d'admission doit être accompagnée d'une lettre de présentation signée par trois membres, appartenant à la compagnie depuis quatre ans au moins.

([1]) A. Broussois, *Du monopole des agents de change et de sa suppression*. Thèse de Paris, 1898.

Il y a plus de 4,000 membres, il n'est donc pas difficile de trouver trois parrains. Ceux-ci cependant ne doivent pas seulement répondre de l'honorabilité de leur candidat, ils doivent le cautionner pour 500 livres (12,500 fr., soit en tout 1.500 livres ou 37.500 fr,, somme relativement minime). Disposition un peu arbitraire : si le candidat a été pendant quatre ans commis chez un membre du Stock-Exchange, il lui suffit d'avoir deux sociétaires pour répondants, le cautionnement de chacun est alors. réduit à 300 livres. La durée du cautionnement est fixée à quatre ans dans les deux cas.

Pour être complet, ajoutons que les membres de la corporation doivent à leur entrée une finance de 300 livres, réduite à 125 pour les anciens commis de brokers ou de jobbers.

En songeant à l'importance très relative du cautionnement des membres du Stock-Exchange, cautionnement limité même dans sa durée quoique d'ailleurs très effectif ([1]) (puisque pour éviter qu'il ne soit une simple garantie morale mais bien un véritable cautionnement, les membres du Stock-Exchange ne peuvent cautionner plus de trois membres à la fois) on ne peut s'empêcher de reconnaître comme très supérieures les garanties présentées par les agents de change de Paris.

Ce cautionnement des répondants est lui-même exposé à bien des vicissitudes, il ne vaut pas plus que

---

([1]) Les garants convaincus d'avoir reçu un salaire sont obligés, au cas de faillite de leurs cautionnés, durant les quatre années de garantie, de payer en plus du cautionnement une somme égale à celle frauduleusement acceptée.

ne vaut leur signature, moins peut-être souvent que celle de leur cautionné. En tout cas, ce cautionnement est exposé à toutes les vicissitudes des affaires des cautions, ce n'est pas, en un mot, un cautionnement comme le comprend la loi française pour celui de nos agents de change et de nos officiers publics en général. Point de valeur de l'office, une simple clientèle peut-être et c'est tout.

Ces garanties assez minimes présentées par les membres du Stock-Exchange sont corrigées quelquefois dans une certaine mesure par l'association des membres de la corporation, associations augmentant les garanties offertes au public. Une fois communiquées au Comité du Stock-Exchange, elles doivent être portées par lui à la connaissance de celui-ci.

Dans notre étude sur les pouvoirs de la chambre syndicale des agents de change de Paris, nous avons montré avec quel soin cette chambre devait surveiller la gestion des charges et prendre les mesures utiles, si cette gestion avait compromis leur situation financière. Le comité du Stock-Exchange a le même droit de contrôle. L'admission des membres n'est d'ailleurs qu'annuelle.

Ce système est excellent, il sauvegarde le marché en donnant au comité la faculté d'éliminer périodiquement les collègues devenus suspects, mais ne tombant pas sous un des cas formels d'exclusion prévus par les règlements.

Si le sociétaire vient à ne plus tenir ses engagements, il est déclaré défaillant, il cesse de faire partie de là corporation, sa réintégration ne peut être prononcée que s'il paie intégralement ses dettes et réussit à prouver que sa déconfiture est seulement imputable à ses clients. La liquidation des affaires d'un sociétaire mis en faillite est poursuivie sous le contrôle de sociétaires nommés par la corporation pour l'exercice courant. Ces liquidateurs fournissent un cautionnement de 1.000 livres.

Ces dispositions sont assez bénignes à côté de l'art. 89 de notre code de commerce d'après lequel, en cas de faillite, tout agent de change est poursuivi comme banqueroutier.

Admission des valeurs à la cote. — Il est publié par les soins du comité du Stock-Exchange la cote officielle des valeurs anglaises et étrangères admises à la liste, les sociétaires peuvent publier une liste semblable mais avec le consentement exprès du comité.

L'admission des valeurs à la cote est abandonnée à l'appréciation de celui-ci. Il doit s'entourer de tous les documents propres à l'éclairer sur le but de la société, ses ressources, la régularité de sa constitution et de ses émissions, la valeur des versements effectués. Les sociétaires peuvent cependant contester tous les renseignements fournis au comité en exposant les raisons pour lesquelles, selon eux, le refus d'inscription s'impose.

Tenant à la bonne renommée de ses membres, la corporation du Stock-Exchange les invite à ne point prêter leur appui et l'autorité de leur nom à la création de sociétés nouvelles, sans s'être assurés du crédit de leurs fondateurs, directeurs ou concessionnaires. Ils pourraient être atteints par des mesures disciplinaires s'il était prouvé qu'ils avaient agi avec légèreté, sans se rendre un compte suffisamment exact du but poursuivi par elles comme des moyens dont elles disposent.

On ne saurait critiquer ces précautions très sages prises par le comité du Stock-Exchange, elles n'ont pu malheureusement toujours empêcher l'introduction à la cote de valeurs douteuses, même mauvaises, mais quelle est l'institution humaine assez parfaite pour n'avoir jamais déçu les espérances fondées sur elle ?

Des négociations au Stock-Exchange. — Nous avons hâte d'arriver à l'examen des négociations en bourse.

Il faut distinguer d'abord, parmi les membres du Stock-Exchange, deux groupes différents : Les brokers et les jobbers (¹).

Les brokers seuls sont de véritables intermédiaires, dont le rôle, à certains points de vue, se rapproche de celui de nos agents de change; eux seuls peuvent conclure des marchés pour autrui.

Les jobbers eux sont de véritables marchands de titres, des spéculateurs, ne devant en principe accepter aucun ordre pour autrui.

Ont-ils reçu des ordres d'achats ou de ventes, c'est aux jobbers que les brokers s'adresseront s'ils ne peuvent trouver une contre-partie à la corbeille, ou s'ils ne peuvent la faire eux-mêmes. Le jobber fait connaître son prix au broker et celui-ci s'annonce acheteur ou vendeur à ce prix. Le jobber ne peut se refuser de consentir au

(¹) Les membres du Stock-Exchange ne peuvent exercer les deux fonctions simultanément.

contrat sans être obligé de dépasser certaines limites :
1,000 livres sterling pour les fonds publics anglais,
750 fr. de rente française, 10 actions au porteur ou 10
actions nominatives, si la valeur totale est inférieure à
500 livres. Si la valeur est supérieure à ce chiffre, le
jobber n'est tenu à l'exécution du marché que pour un
nombre d'actions ne dépassant pas cette somme.

Il est remis à l'un des employés de la Bourse un bulletin sur lequel sont portées la désignation et la quantité
de la valeur achetée ou vendue, l'employé les transcrit
au tableau officiel, l'agent de change ayant porté l'opération sur ses livres fait parvenir un bulletin à son
client.

Les jobbers se divisent en plusieurs groupes, ces
groupes forment les divers marchés de fonds publics,
ils se partagent le Parquet.

Le courtage se prélève ordinairement sur le montant
nominal des titres. Il n'existe pas de tarif officiel de
courtage. Il est ordinairement de 1/8 pour 100 sur les
fonds internationaux et les consolidés, quelquefois de
1/16 pour les chemins de fer anglais et étrangers, les
fonds coloniaux et les valeurs nominatives nécessitant
l'établissement de transferts.

Les marchés à terme, longtemps prohibés en Angleterre, sont aujourd'hui reconnus comme légaux par la
jurisprudence; celle-ci a parfois admis l'exception de
jeu.

Ajoutons qu'au Stock-Exchange aucun marché n'est
annulable à moins d'être manifestement entaché de
fraude ou de mauvaise foi. En conséquence, les trans-

ferts s'opèrent aux risques et périls des parties, même lorsqu'ils ont été passés en présence d'un broker.

Celui-ci n'a, à cet égard, aucune responsabilité envers le Trésor. De même en cas de négociation de titres perdus ou volés l'ayant droit dépossédé est sans recours contre les agents entre les mains desquels ses titres ont passé. Le broker n'encourt enfin aucune responsabilité au profit des incapables.

CONCLUSION

En un mot, les membres du Stock-Exchange sont des négociants en valeurs mobilières, non des officiers publics soumis comme en France à des prescriptions sévères.

Selon nous, cette assimilation entre les valeurs mobilières et les marchandises est fausse. Nous proclamons nécessaire l'intervention de l'Etat dans l'organisation du marché financier.

Si on examine la constitution et les règlements du Stock-Echange, ils semblent absolument insuffisants à la sécurité des transactions. Le nombre des membres du Stock-Exchange est par trop considérable, le contrôle du comité doit être souvent illusoire. La responsabilité collective et solidaire des membres du Stock-Exchange ne pourrait exister, elle serait un non-sens.

CHAPITRE II

Organisation. — Sur le marché de Berlin, la bourse est entre les mains d'une grande association, *La kaufmannschaft,* administrée par un conseil de direction, les anciens (die altesten).

Dans toutes les bourses allemandes, les intermédiaires sont les courtiers libres et les commissionnaires. Les commissionnaires, sorte d'agents de change, exécutent à la bourse les ordres d'opérer leur arrivant de province ou de clients ne fréquentant pas personnellement la bourse.

La loi du 22 juin 1896 a généralisé pour toute l'Allemagne le système qui fonctionnait à Berlin. Depuis cette loi, les bourses doivent être autorisées par le gouvernement régional.

Leur règlement doit être approuvé par lui. Le gouvernement peut déléguer ce droit à une corporation de commerce. Il nomme un commissaire chargé d'assister à toutes les délibérations des organes de la bourse.

Ce commissaire d'Etat assiste à la fixation des cours établis par la direction de la bourse avec le concours de courtiers dits du cours, fonctionnaires nommés par le gouvernement, sans monopole, avec interdiction de faire le commerce pour eux-mêmes.

[1] André Sayous, *Les bourses allemandes de valeurs et de commerce.* Arthur Rousseau, éd. Paris, 1898.

Loi de 1896. — La loi de 1896 est particulièrement intéressante; elle s'appuie sur les points suivants :

Elle limite le marché à terme aux personnes inscrites sur le registre des bourses.

Elle supprime ce marché pour les valeurs industrielles, en limitant considérablement le droit d'admission des valeurs au marché.

Enfin, tout en ne dérogeant pas au droit qui appartient au commissionnaire de faire la contre-partie de son client, tout en prélevant sa commission ordinaire, elle l'oblige de passer au compte de celui-ci, le cours contemporain de l'opération par lui conclue.

Cette loi, vraiment trop rigoureuse, a porté un coup droit à la spéculation; elle a causé un tort considérable au marché financier allemand, bien que la pratique ait réussi, par des procédés indirects, à en tourner les dispositions.

Cette loi est mauvaise par ses exagérations mêmes, ainsi que le fait très justement remarquer M. Raphaël Lévy (¹).

De la première restriction consistant à circonscrire l'exercice de la spéculation à certaines personnes, nous dirons simplement que le nombre des maisons s'étant fait inscrire jusqu'ici a été bien peu considérable (²). La deuxième restriction concernant le marché à terme est surtout intéressante en ce qu'elle interdit ce marché

(¹) Raphaël Lévy, *Revue des Deux-Mondes*, 15 nov. 1897.

(²) 192 maisons en 1898, 178 en 1899, 175 en 1900. La plupart des inscriptions concernent les maisons de Hambourg : 118 en 1900; à Berlin, 41 maisons seulement.

aux actions de mines, de fabriques, enfin à toutes les entreprises dont le capital est inférieur à 20 millions de marks.

Cette distinction établie entre les actions de banque et les actions de manufactures semble très arbitraire.

Ces prohibitions, d'ailleurs, n'ont point empêché les spéculations sur les valeurs industrielles, elles se sont faites par des moyens détournés, affectant la forme de marchés au comptant ([1]) (Gross-Kassa-Geschfaët) ou de marchés au comptant en compte courant (Kassa-Contocorrent-Geschfaët), enfin par la négociation à terme d'actions d'établissements de crédit commanditant spécialement des affaires industrielles.

Admission des valeurs. — Les conditions exigées pour l'admission des valeurs au marché de la bourse doivent être indiquées. La nouvelle loi exige, à chaque émission de valeurs, la production d'un prospectus, qui doit contenir les indications « essentielles pour se former un jugement sur la valeur du papier à introduire sur le marché ». L'admission des valeurs au marché de la bourse est faite par une commission (art. 36 de la loi de 1896).

Le bureau d'admission doit exiger la production des

([1]) Les trois banques de courtiers de Berlin ont imaginé « les marchés au comptant en compte courant ». En cas de spéculation à la hausse, la banque achète les titres au comptant, les inscrit à l'actif du client au compte des « valeurs » et débite celui-ci en compte courant de la somme à lui avancée, moyennant intérêt ; en cas de spéculation à la baisse, au contraire, le vendeur est reconnu créancier du montant intégral de la vente, productif d'intérêt et débiteur au compte de titres. La situation en argent ou effets n'est dénonçable par chaque partie qu'à la fin du mois courant (Cf. Thèse de M. Sayous sur les Bourses allemandes).

documents devant servir de base aux valeurs à admettre; il doit les vérifier, veiller à ce que le public soit
autant que possible informé de toutes les circonstances de fait et de droit pouvant lui permettre de se former
un jugement. Le comité ne doit pas accorder l'admission au cas d'insuffisance de renseignements. La publication du prospectus doit avoir lieu avant la demande
d'admission. Ce prospectus est également exigé pour
les augmentations de capital. Les titres pour lesquels
une souscription publique est ouverte ne pourront être
cotés officiellement avant leur répartition (art. 40 de la
loi de 1896).

Toutes ces formalités donnent, il faut le reconnaître,
de fortes garanties au public sur les valeurs admises à
la cote.

Mais, à certains point de vue, l'organisation du marché financier allemand est très défectueuse, en ce qui
concerne surtout les marchés à terme.

Les grandes banques par actions paraissent avoir
profité seules de la loi des bourses. Les nouvelles formes des transactions au comptant engendrées par cette
loi exigeant des capitaux considérables. La raréfac-
tion des affaires en bourse a fait affluer les ordres dans
ces établissements auxquels il est facile d'en liquider
une grande partie par voie de compensation.

En résumé, du fait de la loi de 1896, l'insécurité dans
les transactions est plus grande que jamais, les nouvelles formes commerciales adoptées pour beaucoup de
valeurs sont plus lourdes, moins pratiques que les
anciennes,

Si ces inconvénients ne se sont pas encore fait sentir de tout leur poids, déclare M. Gabriel Delamotte ([1]), la cause en est à ce que l'industrie se trouve actuellement dans une période de prospérité inconnue depuis longtemps, les choses, à son avis, se passeraient bien différemment si la baisse survenait ou si une crise grave éclatait sur le marché.

CHAPITRE III

LA BOURSE DE NEW-YORK

A New-York, le nombre des membres du New-York Stock-Exchange, autrefois de 400, est actuellement d'environ 1.100. Pour être admis, il suffit d'être citoyen américain, âgé de 21 ans, présenté par deux membres de la corporation, conditions peu sévères comme on le voit.

L'association des agents de change est régie par un conseil de direction, composé de quarante-deux membres, chargé d'assurer le bon ordre intérieur, l'observation des règlements. Ce conseil doit se prononcer sur l'admission des membres.

Cette association n'est pas une personne morale, mais une simple réunion d'individus ayant choisi un endroit commun où chacun opère pour son compte, encaisse ses propres profits et n'est pas responsable des pertes des autres. La solidarité n'existe pas entre eux.

([1]) Gabriel Delamotte, inspecteur des finances. (Rapport présenté au Congrès des valeurs mobilières à Paris, juin 1900).

Toute personne membre de la Bourse a droit à un siège (seat) ou à une part. On le comprendra facilement la valeur de ces sièges n'est pas très élevée vu le grand nombre de personnes faisant partie de la Bourse. Leur valeur varie actuellement de 100.000 à 200.000 fr.

Les statuts de l'association établissent quelques règles propres à assurer la régularité et la sécurité des contrats ; ainsi ils instituent un comité d'arbitrage pour trancher les contestations entre brokers. Ils établissent certaines pénalités : la suspension et la radiation contre les membres qui viendraient à violer les règlements.

Si les agents de change ont adopté l'usage de garder le secret professionnel et celui de se porter réciproquement garants de l'exécution des contrats, ils ne sont jamais, par contre, garants de la régularité ou de la légitimité des titres qu'ils ont reçu l'ordre de négocier.

Il leur est enfin permis (ce qui se comprend très bien étant donné qu'ils ne sont pas des officiers publics, mais de simples commerçants), de s'intéresser dans les affaires industrielles et de faire partie de conseils d'administration.

A côté du New-York Stock-Exchange s'est créé le Consolidated Stock-Exchange.

Une troisième, une quatrième réunion pourraient tout aussi librement s'organiser. Ni le gouvernement fédéral, ni celui des Etats n'interviennent dans la constitution de ces marchés financiers, pas plus que dans celle des marchés commerciaux.

CHAPITRE IV

AUTRICHE-HONGRIE. BELGIQUE

En Autriche-Hongrie l'organisation des Bourses se rapproche de la nôtre en ce qu'elles se trouvent placées sous le contrôle de l'Etat. Il doit approuver les règlements et exercer une surveillance permanente sur les marchés. Cette organisation s'en éloigne, car les agents de change n'ont aucun privilège de négociation des valeurs de bourse et se recrutent par le concours.

Avant la loi du 30 décembre 1867, la Belgique était sous le régime de notre code de commerce, les agents de change jouissaient d'un monopole. Cette loi ayant proclamé le libre exercice des fonctions de courtier et d'agent de change, on a passé sans transition du système du monopole au système de la liberté complète.

Il n'y a en Belgique aucune restriction à la liberté de la profession d'agent de change; les agents de change sont de simples commerçants n'ayant aucun caractère public, par suite, ni restrictions ni garanties ne leur sont imposées. Les agents de change ont toute liberté pour faire des opérations de banque et de commerce pour leur propre compte; ils peuvent se constituer contre-partie de leurs clients.

L'Etat n'intervient nullement dans les admissions à la cote, elles sont prononcées par un comité de bourse, institution essentiellement privée fixant les conditions auxquelles les demandeurs doivent satisfaire.

DEUXIÈME PARTIE

Des responsabilités des agents de change.

———

Nous venons d'exposer les garanties nombreuses offertes au public par la corporation des agents de change, les raisons de toutes sortes militant selon nous, en faveur du monopole donné à ces officiers publics.

Cette étude aurait été incomplète si nous ne l'avions fait suivre d'un exposé, au moins sommaire ([1]), sur les responsabilités qu'ils peuvent encourir dans l'exercice de leurs fonctions, soit envers leurs clients, soit envers les tiers.

Gardiens du marché financier et de la régularité des transactions en bourse, les agents de change doivent la réparation du préjudice causé. C'est là une règle du droit commun appliquée plus sévèrement envers eux par la loi et les tribunaux.

([1]) Il nous a été impossible, on le comprend, d'étudier dans ces quelques pages, aussi minutieusement que nous l'aurions voulu, les responsabilités des agents de change. D'ailleurs, cette thèse est, avant tout, un essai sur le rôle économique des agents de change, l'examen des responsabilités de ces officiers publics n'en est qu'un accessoire. Nous avons simplement posé des principes, nous bornant à l'examen des cas les plus usuels.

Mais cette sévérité ne peut effrayer les agents de change, elle est pour eux l'éclatante démonstration de l'importance de leur rôle économique et financier.

Nous diviserons cette étude sommaire des responsabilités des agents de change en deux parties bien distinctes.

Dans une première section, nous examinerons leurs responsabilités envers leurs clients.

Dans la deuxième, les responsabilités qu'ils peuvent éventuellement encourir envers les tiers.

SECTION PREMIÈRE

RESPONSABILITÉS DES AGENTS DE CHANGE ENVERS LEURS CLIENTS

« Les agents de change sont des mandataires et, de plus, des mandataires salariés ; comme tels, ils sont soumis aux règles du droit commun concernant le mandat et plus particulièrement à celles qui concernent le mandat comportant salaire.

» Mais, de plus, par suite du privilège qui leur a été conféré relativement à la négociation des effets publics, ils sont des mandataires nécessaires dont le concours s'impose sous peine de nullité des opérations faites, de telle sorte que, de ce caractère, résultent, en regard des droits et du monopole dont ils bénéficient, des obligations et des responsabilité d'une nature spéciale » (¹).

Les agents de change sont obligés de prêter leur ministère. C'est une conséquence de leur monopole, ils doivent le prêter toutes les fois qu'ils en sont requis pour une négociation licite.

En cas de refus de la part de l'un d'eux de se charger d'une opération régulière, il pourrait être porté plainte

---

(¹) Crépon, *De la négociation des effets publics et autres,* n. 88, éd. de 1891.

devant la chambre syndicale et devant le tribunal de commerce dont l'agent est justiciable (¹).

En effet, si l'opération est au comptant et que le donneur d'ordre nantisse suffisamment l'agent de change, s'il s'agit d'une vente, en lui livrant les titres ou un certificat de dépôt mettant en réalité les titres à sa disposition, s'il s'agit d'un achat, en lui versant une somme suffisante pour assurer le paiement des valeurs achetées, l'agent de change, étant un mandataire nécessaire, imposé par la loi, ne peut refuser son ministère. Un arrêt de la cour de cassation du 19 février 1835 le déclare. L'expression « suffisamment nanti » se trouve dans les termes mêmes de l'arrêt. Et cela semblerait donner à entendre que la responsabilité de l'agent de change se trouverait engagée chaque fois que « suffisamment nanti » il a refusé son ministère.

Dans les opérations à terme, l'agent de change, s'il existe un aléa quelconque dans l'opération ordonnée, peut la refuser. Il devra faire connaître immédiatement son refus au donneur d'ordre.

La règle qui impose aux agents de change l'obligation de prêter leur ministère toutes les fois qu'ils en sont requis, reçoit, nous le verrons, une exception. Il leur est défendu de négocier des titres appartenant à des faillis sous peine d'amende et même de destitution.

Les agents de change peuvent donc être des mandataires obligatoires. Et, il est facile de le comprendre, leur responsabilité sera dans ce cas, beaucoup plus lourde

(¹) Arrêts du 29 germinal an IX, art. 16.

que lorsqu'ils agissent pour un de leurs clients comme simples mandataires, en dehors de leurs attributions professionnelles.

La division de l'étude de ces deux responsabilités s'impose.

L'étude des responsabilités des agents de change comme officiers publics envers leurs clients fera l'objet d'un premier chapitre.

Dans un second chapitre, nous examinerons les responsabilités des agents de change envers leurs clients, comme simples mandataires.

CHAPITRE PREMIER

RESPONSABILITÉS DES AGENTS DE CHANGE COMME OFFICIERS PUBLICS ENVERS LEURS CLIENTS

Les agents de change pourront encourir ces responsabilités chaque fois qu'ils agiront comme officiers publics ayant un monopole ; d'une façon générale, pour toute négociation de valeurs inscrites à la cote officielle.

I. *Responsabilités dans l'exécution de l'ordre.*

Les agents de change mandataires doivent agir en principe d'après le mandat reçu.

Des difficultés nombreuses peuvent surgir sur ce mandat, l'ordre peut être dénié soit par le client, soit par l'agent, la preuve peut souvent offrir de nombreuses difficultés. A qui va-t-elle incomber cette preuve ?

En droit, au demandeur; au client, s'il actionne l'agent et lui demande exécution du mandat reçu.

Une des preuves admises le plus volontiers par les tribunaux : c'est le bordereau, avis donné par l'agent de change à son client de l'opération effectuée pour son compte et mentionnant l'indication des valeurs achetées ou vendues et les prix de ces achats ou de ces ventes.

Comme le déclare si bien M. Crépon : « Le bordereau est le seul mode de preuve que comportent et que puissent comporter ces milliers de contrats que chaque jour, pour ainsi dire, voit naître et se conclure sur le marché financier ».

Assurément en fait, il en est souvent ainsi, il est facile de comprendre qu'il ne peut en être autrement pour les ordres donnés en bourse de vive voix par des spéculateurs de profession. Le caractère commercial de ces ordres n'est pas douteux, la preuve peut en être faite par l'agent de change par tous les moyens légaux, se tirer même de présomptions sérieuses, l'envoi du bordereau par exemple.

Mais, pourrait-on objecter, il serait facile aux agents de change et à leurs commis d'exiger de leurs donneurs d'ordres la transcription de ceux-ci sur des fiches *ad hoc*, mentionnant de plus leurs conditions d'exécution. Sans doute. Cependant, au cas où ces spéculateurs viendraient à modifier leurs ordres, de nouvelles fiches seraient encore nécessaires. Quelle masse de fiches les agents de change ne devraient-ils pas collectionner ? La confiance doit régner en maîtresse dans les transactions de bourse.

Une simple négligence de leur part ne pourrait, d'ailleurs, avoir pour résultat de les priver de tout recours contre des spéculateurs malhonnêtes.

La jurisprudence est en ce sens. Au contraire, si les ordres se rattachent à des opérations constituant entre l'agent de change et son client un simple lien civil, l'agent de change agira sagement, si la probité de celui-ci lui est imparfaitement connue, en exigeant sa signature et la mention des conditions de l'ordre à exécuter.

Au cas où un de ses clients, à la réception du bordereau, dénierait l'opération, les tribunaux pourraient voir une faute de l'agent de change dans son impossibilité de produire une preuve par écrit ou un commencement de preuve par écrit de l'ordre dénié par son client (1).

Si le client est demandeur, il pourra exiger la production des registres et carnets de l'agent de change. Cet officier public est un commerçant tenu, par l'art. 84 du C. com., d'avoir un livre revêtu des formes prescrites par l'art. 11 de ce même code, sur lequel doivent être consignées toutes les opérations faites par son ministère. Il ne pourrait se refuser à cette production.

Par un arrêt du 2 février 1883, la cour de Paris a jugé que celui qui a donné en bourse un ordre dénié par la partie adverse est en droit de demander la production du carnet et de faire considérer comme une preuve de l'ordre le refus de cette production.

(1) Lyon, 17 juillet 1883, D., 84. 2. 180.

En principe, tout ordre accepté par l'agent de change doit être exécuté dans les conditions de temps et de prix indiquées par son mandant.

Des usages de bourse déterminent le temps pendant lequel l'ordre demeure valable et oblige l'agent de change à exécution si, d'après les conditions de l'ordre, l'exécution peut avoir lieu. En principe, l'ordre donné en bourse ne vaut que pour la bourse du jour ou pour celle du lendemain s'il est donné après la fermeture de la bourse. L'ordre donné par correspondance vaut pour la semaine en cours. L'ordre peut enfin être donné : « valable jusqu'à révocation ». Il ne saurait y avoir des difficultés sur tous ces points.

La négociation doit être faite au cours déterminé par les termes de l'ordre. Cet ordre fixe un prix d'achat ou de vente ou indique que l'opération devra être faite au cours moyen (au premier, au dernier cours pour les opérations à terme). L'ordre peut encore être donné au mieux.

Dans le cas où un prix d'achat ou de vente a été fixé à l'agent, sa responsabilité serait engagée bien certainement, et cela ne peut faire aucun doute, dans tous les cas où il aurait pris sur lui de ne point se conformer strictement aux termes du mandat, quels que puissent être les motifs impérieux l'ayant porté à agir ainsi. Un agent de change, par exemple, a reçu d'un client des ordres d'achats. Les nouvelles politiques sont mauvaises, il est à présumer que le client ne se rend peut-être pas suffisamment compte de la situation. Si l'agent de change prend sur lui de ne pas exécuter les ordres

d'achats reçus, au cas où ses prévisions ne se réalise-
raient pas, il pourrait voir sa responsabilité gravement
engagée.

Nous trouvons rapporté dans Dalloz (*Répertoire*,
Bourse de commerce, n. 273) un cas où un agent de
change de Paris s'est vu actionné avec droit par son
client pour avoir, par excès de prudence, retardé l'exécution d'un ordre exécutable.

La responsabilité de l'agent de change serait également engagée, s'il n'avait pas exécuté l'ordre à un prix
inférieur, au cas où il s'agit d'un achat, supérieur au
cas où il s'agit d'une vente, si des cours plus avantageux pour ses clients se sont présentés dans le courant
de la bourse ('). Le prix indiqué n'est, en réalité, qu'un
maximum s'il s'agit d'un achat, un minimum s'il s'agit
d'une vente. Si, dès le début de la bourse, l'opération
était exécutable, le cours de la négociation sera le premier cours, cours officiel pour les négociations à terme
au marché de Paris.

L'ordre pour les opérations au comptant peut être
fixé au cours moyen. L'agent devra prendre la moyenne
de tous les cours inscrits au *Bulletin officiel*.

Au cas de modification de l'ordre par le client, et
s'il s'élève sur ce point des difficultés, il faudra appliquer les règles précédemment posées pour le mode de
preuve de l'ordre. Le client devra établir que la modification de l'ordre est parvenue à l'agent de change en
temps utile. Si cette modification a été adressée par

('), Cette disposition se trouve inscrite dans la plupart des législations
étrangères, notamment dans l'art. 71 de la loi allemande de 1896.

correspondance ou par dépêche, la preuve pourra, suivant les cas, être plus ou moins difficile à établir contre l'agent de change. Il est des circonstances où elle sera presque impossible.

Les tribunaux auront les plus larges pouvoirs pour dire si la faute de l'agent de change peut ou non être admise.

Si ce dernier doit en principe exécuter sans retard les ordres transmis, il ne peut être tenu de cette obligation qu'autant que ces ordres sont formels et précis. Ces conditions faisant défaut, il n'engage point sa responsabilité en s'abstenant ou en demandant de nouvelles instructions.

La responsabilité encourue par l'agent de change, n'ayant pas exécuté l'ordre reçu ou ne l'ayant exécuté que partiellement, devra se chiffrer par la différence existant entre le cours coté le jour où l'exécution aurait dû avoir lieu et celui du jour où le client, connaissant l'inexécution de l'ordre, aurait pu le faire exécuter par un autre agent.

Si l'ordre avait été donné en vue d'une opération qui ne peut plus se faire, par exemple une souscription réservée aux actionnaires anciens, l'agent de change devra la réparation du préjudice causé. La loi confie aux tribunaux le soin d'apprécier l'étendue des pertes subies par le client.

Posons cependant comme principe qu'il ne suffit pas, pour établir la responsabilité de l'agent de change, de prouver qu'il a reçu l'ordre en temps utile, le client doit encore justifier que les conditions spécifiées pour l'achat ou la vente des valeurs étaient réalisables. Si l'agent de change a dû opérer sur un petit nombre ou sur un très grand nombre de titres, il lui aura été plus ou moins facile de trouver la contrepartie de vendeurs ou d'acheteurs nécessaires. Si l'ordre portait sur un nombre restreint de valeurs et si un mouvement considérable de transactions existait sur ces titres, cela n'est pas douteux l'agent devra prouver que, contrairement à toute vraisemblance, il n'a pu trouver un acheteur ou un vendeur. Si, au contraire, l'ordre portait sur un nombre élevé de titres et si ces titres donnent lieu seulement à un petit mouvement d'affaires, il appartiendra au client de faire la preuve de la possibilité d'exécution de l'ordre donné.

Au cas de négociations à terme, la responsabilité de l'agent de change serait encore engagée vis-à-vis de ses clients, s'il procédait sans leur ordre à la revente avant l'échéance du terme des valeurs achetées pour leur compte ou vice versa.

La solution serait la même si, avant l'échéance du terme, à la suite d'un fort mouvement de baisse (ou de hausse), l'agent de change, ne se sentant plus assez couvert par la couverture exigée, après avoir mis en demeure son client de lui fournir un supplément de couverture dans un délai fixé, procédait à la revente (ou au rachat) d'office, sans avoir reçu d'instructions.

Ces exécutions accomplies souvent par certains coulissiers avant l'échéance du terme, contre leurs clients désarmés, ne sont pas légales comme étant en opposition absolue avec les principes régissant les contrats. Ce droit d'exécution n'est pas écrit dans la loi.

Et d'ailleurs l'agent de change, à moins de réserves spéciales et contraires (bien rarement stipulées), s'est directement obligé à effectuer pour le compte de son client une opération qui ne doit se liquider qu'à une date déterminée; concevrait-on qu'il pût, sans le consentement de celui-ci, liquider l'opération plutôt qu'il n'avait été convenu, sous prétexte qu'il se présente des risques qu'il ne pouvait prévoir ?

Nous ne pouvons le méconnaître, ce droit d'exécution présenterait certains avantages et serait souvent utile par suite des nécessités du marché. S'adresser à la juscice, dit-on, quand la moindre perte de temps peut occasionner des ruines sans nombre! Des délais à subir pour régler la situation de valeurs dont chaque instant peut hâter la dépréciation!

Si avec M. Crépon nous sommes disposé « à tenir très largement compte des usages de la Bourse et de ce qu'on appelle les nécessités du marché », nous ne pouvons « méconnaître les règles des contrats et nous jeter en plein arbitraire ». C'est à ses risques et périls que l'agent de change a accepté de faire l'opération, moyennant une couverture déterminée, s'il a mal calculé les mauvaises chances, il doit supporter les conséquences de prévisions trop légèrement établies.

La cour de Lyon, à la suite des graves événements financiers de l'année 1882 (événements qui amenèrent la fermeture de la Bourse de cette ville), a fait une juste application de ce principe. Et dans ce cas bien certainement la solution de la question pouvait faire difficulté. La compagnie des agents de change de Lyon avait pris une délibération aux termes de laquelle tous les engagements contractés par les agents de change devaient être liquidés tant au 15 qu'au 31 janvier 1882 sur les cours de compensation fixés par le parquet de Paris les 1er et 2 février pour les valeurs cotées officiellement et sur ceux fixés par leur compagnie pour les valeurs en banque. Les agents de change ayant effectué des ventes de valeurs sur l'ordre et pour le compte de leurs clients, refusèrent de faire état du produit de ces opérations sous le prétexte que les dites ventes auraient été annulées au moyen de rachats rendus nécessaires par la situation du marché financier à cette époque.

Dans son arrêt du 8 juin 1886 la cour de Lyon a repoussé les prétentions des agents de change. Cet arrêt déclare qu'aucune considération de la nature de celles arguées par les agents de Lyon ne pouvait suppléer au défaut de consentement des vendeurs.

Les exécutions d'office faites avant terme ne doivent pas être confondues avec les exécutions postérieures à la liquidation, de clients défaillants faites par les agents de change. De même le terme pour lequel une opération était conclue étant arrivé, l'agent de change pourrait se refuser à reporter ou à faire reporter cette opération, il devrait alors prévenir le donneur d'ordre avant de l'exécuter, et assez tôt pour qu'il fût à même d'agir efficacement.

Dans un autre sens l'agent de change engage encore sa responsabilité par un report d'office de l'opération. Si le report a été avantageux, le client se gardera bien de s'en plaindre, sans doute encore, si le client averti du report a gardé le silence, n'a pas protesté, l'agent de change pourra utilement invoquer une ratification. Si l'opération n'a fait qu'augmenter les pertes du client, celui-ci invoquera peut-être l'abus d'un mandat ne comportant pas la prorogation d'une opération dont la liquidation devait être effectuée à un terme fixe.

La cour de Lyon a jugé [1] : qu'un agent de change ne peut d'office reporter une opération à terme faite par son client, sous le prétexte que celui-ci était absent au moment de la liquidation. Que le report ne produit d'effets vis-à-vis du client qu'autant qu'il a été précédé de l'autorisation expresse ou tacite de ce dernier, dont la preuve est à la charge de l'agent; et que cette autorisation tacite ne saurait être présumée, lorsque le client a protesté contre le report à l'expiration de la quinzaine.

Il est hors de doute que l'agent de change ne pourrait se voir actionner par son client sous le prétexte de l'insuccès des opérations faites par son ministère. Les agents de change, ne peuvent avoir les connaissances des encyclopédistes, les valeurs inscrites à la cote officielle sont très nombreuses et il leur est impossible d'émettre un jugement irréprochable sur chacune d'elles. Ce n'est pas à dire que l'agent de change est seulement un enregistreur, un exécuteur d'ordres et rien de plus. S'il peut guider ses clients, il se fera un devoir de le faire. Ses conseils donnés de bonne foi, sa responsabilité ne pourrait, par la suite, être engagée; elle ne saurait

[1] D., 86. 3. 207.

surtout l'être s'il avait négligé de le faire (¹). La jurisprudence est en ce sens.

Par contre, nous trouvons un arrêt de la cour d'appel
de Bordeaux du 14 février 1898 qui déclare que « bien
que l'agent de change ne puisse être tenu comme le
notaire de donner des conseils à ses clients, il doit tout
au moins les éclairer sur les conséquences des opérations pour lesquelles ils s'adressent à lui et refuser de
prêter son ministère à celles qu'on lui présente dans
des conditions équivoques et irrégulières. Attendu
qu'en n'agissant pas ainsi l'agent de change engage sa
responsabilité qui devra être d'autant plus gravement
appréciée, s'il a dissimulé à son client des circonstances
qui auraient pu l'éclairer sur les dangers des opérations
qu'il a sollicitées, ou s'il a dénaturé les faits pour l'empêcher de s'en rendre compte ». Cette expression « doit
éclairer ses clients sur les conséquences des opérations
pour lesquelles ils s'adressent à lui » nous semble des
plus élastiques.

On ne peut donc sur ce point poser des principes
généraux et les circonstances de faits seules décideront
si oui ou non la responsabilité de l'agent de change peut
se trouver engagée ; si oui ou non il a commis une
faute.

Toute négociation en bourse doit aboutir nécessaire·
ment à un achat ou à une vente. D'où, pour les agents
de change, une double obligation consistant dans la
livraison des titres et dans le paiement du prix.

(¹) Mollot, *Bourses de commerce*, II, p. 527.

II. *Responsabilités des agents acheteurs au cas de livraisons de titres.*

La responsabilité des agents de change acheteurs est dans ce cas bien certaine ; ils agissent en leur nom et leurs clients les connaissent seuls.

Les titres au porteur doivent être livrés au donneur d'ordre le lendemain de la livraison à l'agent acheteur, dans tous les cas, le jour de la quinzième bourse qui suit celle de la négociation (modifications au règlement des agents de change de Paris du 30 janvier 1899).

Si les titres sont transmissibles par voie de transfert, ils doivent être à la disposition du client dès le lendemain de la livraison à l'agent acheteur, et au plus tard le jour de la vingtième bourse qui suit celle de la négociation (*id.*).

Cependant, à titre exceptionnel, les valeurs au porteur amortissables par voie de tirage au sort, négociées avant les cinq bourses qui précèdent le jour du tirage, doivent être livrées pour le tirage (*id.*).

Pour les valeurs nominatives négociées sept jours avant le tirage, elle doivent être transférées pour le tirage (*id.*).

Les agents de change pourraient être exposés à une action en dommages-intérêts si de leur retard est résulté pour les clients un préjudice quelconque : hausse survenue, chance d'un tirage s'il s'agit de valeurs à lots, participation à une souscription d'actions nouvelles réservée aux anciens actionnaires.

Mais il faut qu'un préjudice certain existe pour le

client. Ainsi un agent de change serait à l'abri de tout recours si, n'ayant pu livrer à un client des titres achetés quelques jours avant un tirage, il lui en a fait connaître les numéros.

Par contre, il engagerait bien certainement sa responsabilité s'il livrait à son client des titres sortis à un tirage antérieur ; il serait responsable envers lui de la nullité de cet achat. C'est ce que décide un arrêt de la cour de Paris du 19 juillet 1890 ([1]).

La responsabilité des agents de change ne serait pas douteuse, si le client ayant revendu les titres pour profiter de la hausse n'a pu les livrer et s'est vu contraint d'en acheter d'autres à des cours plus élevés. L'agent de change en retard dans la livraison des titres devrait supporter cette différence de prix.

Les agents de change pourront encourir des responsabilités envers leurs clients s'ils leur ont livré des titres frappés d'opposition. Les agents de change n'ont pas accompli leur mandat qui était de procurer aux acheteurs des titres réguliers, irréprochables, c'est-à-dire non sujets à contestation et à revendication.

La responsabilité de l'agent de change envers son client acheteur serait également engagée si les titres étaient, pour une cause intrinsèque quelconque, non négociables sur le marché.

Nous étudions plus loin la responsabilité que l'agent de change vendeur peut encourir envers les tiers pour la négociation de titres frappés d'opposition, ou non

([1]) D. P., 92. 2. 257.

négociables sur le marché comme ne répondant pas aux exigences de la loi de 1867. L'agent de change acheteur peut encourir lui aussi des responsabilités envers ses clients pour la livraison de titres semblables.

Il ne saurait dans ce dernier cas être question de la loi de 1872, relative sécialement aux titres au porteur perdus ou volés. L'art. 1992 s'applique seul, le mandataire répond non seulement du dol mais des fautes qu'il commet dans sa gestion, cette responsabilité doit être appliquée rigoureusement à celui qui reçoit un salaire. Le client pourra exiger de son agent de change le remplacement de son titre vicié par un titre régulier.

Un arrêt très important de la cour de Paris du 2 janvier 1890 (¹) déclare formellement que l'acheteur, en achetant les titres qui lui sont offerts par son agent de change, est en droit de croire que cet officier ministériel en a vérifié la régularité. Et bien certainement l'acceptation de ces titres par l'acheteur ne peut être considérée comme une décharge ou une renonciation à tout recours contre son mandataire.

III. *Responsabilités des agents de change vendeurs envers leurs clients. Paiement du prix.*

L'agent de change vendeur doit verser à son commettant le prix reçu de l'agent de change acheteur.

Sa responsabilité sur ce point est absolue.

Peu importe le point de savoir s'il a fait toutes les dili-

(¹) D. P., 92. 2. 257.

gences voulues pour recevoir le prix des titres vendus, ou si, au contraire, il a négligé de le faire dans les délais fixés ou encore s'il a livré les titres à son confrère devenu insolvable, sans en toucher le prix (simple hypothèse).

L'agent vendeur est responsable du prix des titres vendus, il ne pourrait se libérer envers son donneur d'ordre en lui remettant des titres semblables. L'opinion contraire ne saurait même se soutenir.

Les fonds provenant d'une vente de titres au porteur doivent être remis au donneur d'ordre le surlendemain de la remise des titres (modifications au règlement des agents de change de Paris du 30 janvier 1899).

Les fonds provenant de la vente des titres transmissibles par voie de transfert doivent être à la disposition du donneur d'ordre, dès le surlendemain de la consommation du transfert (id.).

Examinons le cas où le client se trouverait débiteur de son agent de change pour des opérations antérieures. Ce dernier pourrait assurément retenir, sur le prix des titres vendus, le montant des sommes à lui dues. Il y aurait alors une véritable compensation.

La compensation ne serait pourtant pas possible si le client pouvait démontrer qu'il n'est lui-même qu'un simple mandataire. Le prix des titres vendus ne pourrait être retenu par l'agent de change, si le caractère nominatif du titre ne lui laissait aucun doute sur ce point. S'il a pu connaître le véritable propriétaire du titre, il lui doit les sommes provenant des effets vendus.

Si les titres sont au porteur, de nombreux arrêts ont

décidé que l'agent de change mandataire substitué pouvait opposer à la demande du mandant les paiements par lui faits, par voie de compensation ou autre, au mandataire originaire (¹).

Plusieurs solutions peuvent se présenter, mais le même principe devrait être admis dans tous les cas identiques. L'art. 1994 C. c. ne saurait alors trouver son application.

Si l'agent de change doit verser à son client le montant des titres vendus, où s'arrête sa responsabilité sur ce point ?

L'agent de change est-il en faute, et par suite responsable pour avoir vendu et livré des valeurs à lots tombées à un tirage antérieur et favorisées d'un lot ou d'une prime ?

D'après une jurisprudence bien fixée et d'ailleurs justifiée (²), le lot ou la prime appartient au détenteur du titre au moment du tirage, et celui-ci aurait une action contre le cessionnaire, pour se faire remettre le titre sorti au tirage avec le montant du lot, si ce dernier l'a déjà encaissé. Au refus et au cas d'insolvabilité ou de disparition de son cessionnaire, le détenteur du titre, au moment où ce titre est sorti avec un lot ou avec une prime, peu importe le cas, peut-il se tourner contre l'agent de change qui a vendu ce titre ?

La faute de cet officier public ne saurait ici se présumer. Celle du donneur d'ordre, elle, est impardonnable.

(¹) Arrêt de la cour de cassation du 23 février 1874, S., 75. 1. 363.
(²) Tribunal de la Seine 17 août 1865 (*Gazette des Tribunaux* du 31 août 1865), 27 juin 1876 (*Gazette des Tribunaux* du 8 juillet 1876).

Il a peut-être acheté ce titre dans le but unique de bénéficier des chances des tirages et, au moment de s'en dessaisir, il ne vérifie même pas les listes des numéros sortis. Son recours contre son agent de change vendeur au cas de disparition ou d'insolvabilité du cessionnaire qui aurait touché le lot, ne nous semble pas fondé. Comment d'ailleurs serait engagée la responsabilité de l'agent de change? Quel mandat a-t-il reçu? Celui de vendre. Ici le titre était négociable et il n'était pas en faute de le négocier. Au cas seulement où le donneur d'ordre aurait chargé spécialement son agent de vérifier la liste des tirages, la responsabilité de ce dernier pourrait être engagée, et selon le droit commun le donneur d'ordre devrait rapporter la preuve de ce mandat spécial ne pouvant se présumer.

Conformément aux règles du droit commun, l'agent de change doit remettre le montant des titres vendus au propriétaire ou à quelqu'un ayant ses pouvoirs, ou autorisé soit par justice soit par la loi à recevoir pour lui. S'il avait mal payé, l'agent de change pourrait se voir actionné par son client en paiement de sommes dues.

IV. *Responsabilité des agents de change en cas d'incapacité des parties.*

L'agent de change pourrait être déclaré responsable envers ses clients s'il procédait d'après leur ordre à la négociation de valeurs, dont ils n'avaient pas la libre disposition. Faute par lui de s'être enquis de leur capa-

cité, l'agent de change leur devrait réparation du préjudice causé. Si les titres vendus par eux avaient augmenté de valeur depuis la vente, il pourrait être
contraint de leur tenir compte de la différence de
cours.

Si les titres étaient nominatifs et portaient en eux-
mêmes la mention de l'incapacité totale ou partielle des
incapables, la responsabilité de l'agent de change
serait certainement engagée. Les titres étant au porteur, sa responsabilité serait admise au cas où l'on
pourrait établir sa mauvaise foi, ou tout au moins, si
d'après les conditions dans lesquelles ces ordres de
ventes lui ont été donnés, il lui était impossible de ne
pas deviner l'incapacité des vendeurs. Cette formule
est générale, peut-être est-elle un peu vague, mais ici
les faits tiennent une place considérable; c'est par leur
examen seul que les tribunaux pourront édicter ou non
la responsabilité des agents de change.

La capacité, telle qu'il faut la comprendre ici, est celle
qui permet légalement de disposer en aliénant et de
recevoir tous les capitaux exigibles ou non sans le concours de personne.

Mineurs (loi du 27 février 1880), *interdits, aliénés.* —
L'agent de change ne doit pas l'oublier, les titres
appartenant à un mineur placé sous une tutelle, de
quelque nature soit-elle, ou bien émancipé au cours
de la tutelle, ne peuvent être vendus, transférés ni con-
vertis en titres au porteur sans autorisation. Il en est
de même pour les titres appartenant à un interdit ou à
un aliéné ayant un administrateur.

L'agent de change doit le savoir, le conseil de famille, pour l'interdit et le mineur, peut seul donner cette autorisation ; pour le mineur et l'aliéné placés sous la tutelle de l'assistance publique ou des administrations hospitalières, le conseil de surveillance de la première et la commission administrative des autres remplissent les fonctions attribuées au conseil de famille.

Dans tous ces cas, l'homologation par le tribunal civil, statuant en chambre du conseil, le ministère public entendu, est nécessaire si le prix de l'aliénation doit excéder 1.500 fr.

L'agent de change doit faire la négociation au cours moyen de la bourse.

L'art. 7 de la loi de 1880 le déclare, le subrogé tuteur devra surveiller l'accomplissement des formalités prescrites par la loi. L'agent de change, s'il n'a pas de responsabilité matérielle, semble donc en avoir une morale lorsqu'il ne ressort pas des pièces produites que le subrogé tuteur ait eu connaissance de l'opération.

Pour aliéner des titres appartenant aux aliénés, soit ceux entretenus par l'administration, soit ceux placés dans un établissement privé et dont la situation est réglée par la loi du 30 juin 1838, l'agent devra veiller à ce que l'autorisation de vendre ait été obtenue du conseil de surveillance de l'assistance publique et des commissions administratives remplissant les fonctions du conseil de famille.

Si l'aliéné est sorti guéri de l'établissement dans lequel il était interné, l'agent de change doit exiger la production d'un certificat, émanant de l'administration de cet établissement, attestant que le titulaire des titres à vendre a recouvré sa capacité civile.

Au sujet des mineurs non régis par la loi du 27 février 1880, c'est-à-dire des mineurs placés sous l'administration légale du père ou de la mère, ou de ceux émancipés au cours de l'administration légale ou autorisés à faire le commerce, l'agent de change doit le savoir, ils restent sous l'empire du droit commun, même pour l'aliénation des rentes sur l'Etat et des actions de la Banque de France.

L'art. 389 du code civil donne au père durant le mariage l'administration des biens de ses enfants mineurs ; comme il n'existe pas de conseil de famille pour l'enfant durant le mariage, le tribunal civil seul pourra autoriser l'aliénation par jugement rendu en chambre du conseil. Il y a, il est vrai, des décisions judiciaires n'exigeant même pas cette autorisation.

L'agent de change devra apporter aussi une grande attention au cas où il serait sollicité par un mineur émancipé d'aliéner des valeurs inscrites à son nom. Il devra se conformer à la loi de 1880 sauf au cas où l'émancipation a eu lieu du vivant des pères et mères ou par le fait du mariage.

Si un conseil spécial de tutelle avait été donné à la mère tutrice de ses enfants mineurs, l'agent de change devrait veiller, avant de procéder à une aliénation de titres appartenant aux mineurs, à ce que ce conseil ait été consulté (art. 391 C. civ.) ; mais pour prouver sa faute sur ce point, faute pouvant engager sa responsabilité, il faudrait établir contre lui qu'il connaissait la nomination de ce conseil, chose peut-être difficile.

Si la mère était remariée, l'intervention du mari, co-tuteur de sa femme tutrice, serait également nécessaire.

Il est encore des circonstances où la responsabilité de l'agent de change peut se trouver engagée, lorsque par exemple il a aliéné des titres appartenant à des individus pourvus d'un conseil judiciaire, sans le concours de ce conseil. Aux termes de l'art. 513 du C. civ. une pareille aliénation est nulle.

Femmes mariées. — C'est un principe en droit civil, la femme mariée ne peut jamais aliéner les valeurs inscrites à son nom ou possédées par elle et non encore inscrites, sans l'autorisation de son mari.

Mais il faut établir une distinction fondamentale : si la femme est mariée sous le régime de la séparation de biens, elle aura l'entière administration et disposition de ses biens meubles. Au cas contraire, elle ne pourra aliéner ses valeurs qu'avec l'autorisation de son mari.

Depuis la loi de 1896, la femme séparée de corps recouvre la libre disposition de ses biens, sauf au cas où des biens étaient frappés de dotalité. Le mariage n'étant pas dissous, la clause de dotalité subsiste.

Femmes mariées sous un régime autre que la sépa-ration. — Si la femme est autorisée par son mari, elle pourra procéder à l'aliénation de ses valeurs. L'agent de change devra seulement exiger l'autorisation du mari soit spéciale, soit précédant ou accompagnant l'engagement ou l'acte quelconque de la femme.

D'une façon générale, l'agent de change doit exiger une expédition complète du contrat de mariage chaque

fois qu'il s'agit de déposséder une femme mariée de la
toute propriété, de la nue propriété ou de l'usufruit
d'une valeur inscrite à son nom.

Il est de toute évidence qu'il engagerait sa responsabilité s'il n'examinait pas les clauses du contrat de mariage, véritable loi des parties, elles peuvent renfermer
des conditions intéressant soit l'agent de change, soit
l'établissement débiteur. S'il se contente d'un extrait
du contrat de mariage, il fera bien d'exiger du notaire
l'ayant délivré la certification que l'acte ne contient
aucune condition restrictive de la capacité de la femme,
aucune obligation d'emploi, de remploi, mentions que
le notaire ne consent pas toujours à insérer.

L'examen des contrats de mariage est d'ailleurs des
plus délicats et des plus importants, l'agent de change
ne saurait y apporter trop de soins; il doit s'assurer
qu'il n'est pas suivi d'une contre-lettre en modifiant
les termes. Quel que soit le régime adopté, le contrat
peut renfermer telle clause empêchant l'aliénation des
biens propres de la femme, ou y mettant certaines conditions l'obligeant à faire un remploi.

En principe, sous le régime de la communauté, tout
remploi stipulé doit être simplement considéré comme
un remploi d'ordre entre époux.

Si la condition d'emploi ou de remploi avait été
stipulée avec obligation pour les tiers de surveiller
cette formalité, la responsabilité de l'agent de change
ne serait pas douteuse, au cas où les valeurs de la
femme viendraient à être compromises par l'absence de
remploi.

Régime dotal. — La dotalisation des biens de la femme rend au contraire ces biens inaliénables.

Nous ne pouvons entrer ici dans des considérations juridiques trop minutieuses et trop délicates sur l'inaliénabilité des biens dotaux et les responsabilités que les agents de change peuvent encourir au cas d'aliénations de ces biens. Notre étude sommaire sur les responsabilités de l'agent de change venant seulement servir de complément à notre étude économique et financière sur les avantages offerts au public par la corporation des agents de change ; nous nous contenterons de poser les principes. Donc l'agent de change est spécialement responsable du défaut de remploi, si, chargé de vendre les titres constitués en dot, il s'est dessaisi du produit de cette vente sans exiger la justification d'un remploi conforme aux exigences du contrat de mariage.

Si le mari, grâce à l'absence de remploi, a dissipé le prix des valeurs dotales aliénées, l'agent de change sera responsable vis-à-vis de la femme, du montant de ce prix.

Car, ainsi que le déclare un arrêt de la chambre des requêtes du 7 juillet 1891 : « L'agent de change, à raison de sa qualité de mandataire salarié et nécessaire, est tenu de prendre *toutes les mesures utiles* afin que les fonds provenant de la négociation d'une valeur dotale, dont l'aliénation n'est permise qu'à charge de remploi, reçoivent la destination prévue ».

Comme conséquence, cet arrêt déclare l'agent de change responsable si, au lieu de veiller lui-même

à ce que le remploi soit régulièrement effectué, il a
chargé de ce soin un notaire en lui envoyant les fonds ;
sa responsabilité existe même au cas où ce notaire en
a détourné une partie. Et bien plus (ce qui fera ressortir combien est complexe la responsabilité de l'agent
de change sur ce point), il est encore responsable même
s'il avait reçu postérieurement à l'envoi des fonds une
quittance notariée, d'ailleurs fausse, mais dont la fausseté ne pouvait être connue de lui, alors qu'il est con-
taté en fait que la perte des fonds est imputable aux
conditions dans lesquelles il s'est dessaisi du montant
des valeurs dotales entre les mains du notaire. Mais
c'est peut-être aller trop loin.

La cour de Paris a jugé en sens contraire le 15 mars
1895 (¹) que l'agent de change ayant négocié des valeurs
dotales appartenant à une femme dotale et dissipées
grâce à cette fraude n'est pas responsable de leur perte,
s'il est établi qu'il s'est dessaisi des fonds seulement
après avoir reçu une lettre du notaire l'avertissant qu'un
acte régulier de remploi était dressé en son étude et
allait être signifié par les parties.

Le versement des fonds quelques jours avant la signature de l'acte de remploi ne cause aucun préjudice à la
femme et ne constitue pas une faute de la part de
l'agent de change, complètement couvert par l'avis reçu
du notaire.

Nous avons tenu à rapporter ces deux arrêts contradictoires pour montrer combien est délicate à préciser

(¹) D. P., 96, 2, 145 et la note de M. Planiol.

sur ce point la responsabilité de l'agent de change. Les espèces jouent en cette matière une importance capitale.

V. *Remarques touchant les responsabilités des agents de change.*

Cela est bien certain, il ne doit ressortir à la charge des agents de change ni complicité d'une fraude, ni négligence dans l'exercice de leurs fonctions.

L'agent de change est avant tout, il ne faut pas l'oublier, c'est le principe fondamental de cette étude, un mandataire obligatoire et salarié, soumis à toutes les obligations du mandat comportant salaire.

Ces obligations sont assez grandes, sa responsabilité peut être assez sérieusement engagée pour que l'on ne cherche pas encore à l'étendre outre mesure.

Le principe est bien certain; les arrêts contradictoires rendus dans des espèces diverses n'y portent point atteinte, il faut sagement l'entendre.

Si sévère que puisse être la responsabilité des agents de change envers leurs clients, elle ne peut trouver sa source que dans le dommage causé par l'inobservation du mandat. L'effectivité de ce dommage ne peut être suppléée.

A son défaut, les clients ne sauraient arguer contre leurs agents de change de l'inobservation par ceux-ci des règlements des compagnies. La chambre syndicale est seule juge dans ce cas.

Nous l'avons vu, l'agent de change agissant envers son client comme un véritable commissionnaire dû croire, est responsable envers lui du paiement des titres vendus comme de la livraison des titres achetés. En un mot, la non-solvabilité du confrère avec qui l'agent de change a traité ne peut le dégager de ses obligations envers son client.

Ce principe peut néanmoins recevoir une exception au cas où, avant de procéder à une négociation, l'agent de change a fait connaître à son commettant le nom de la contre-partie avec laquelle il se propose de traiter et sur son avis a conclu cette négociation.

S'il ressort des circonstances que le client a connu cette contre-partie, qu'il l'a formellement acceptée, il ne pourrait rendre son agent de change responsable de la non-solvabilité de celle-ci.

Ce cas, d'ailleurs, se présentera très rarement ; le plus souvent, le client ne connaît pas le nom du confrère traitant avec son agent de change.

CHAPITRE II

RESPONSABILITÉS DES AGENTS DE CHANGE COMME SIMPLES MANDATAIRES

Si en dehors de leurs fonctions légales, les agents de change acceptaient de leurs clients un mandat quelconque, de quelque nature qu'il puisse être, ils devraient selon le droit commun apporter dans l'exécution de ce mandat toute la diligence possible. Ils seraient soumis à toutes les obligations du mandataire (art. 1991 et s. du C. civ.).

Des cas nombreux peuvent se présenter où des man-

dats sont donnés aux agents de change en dehors de
leurs fonctions légales. (Dépôts de valeurs, gestion de
capitaux, achats et ventes de valeurs non inscrites à
la cote officielle, etc., etc.)

Nous dirons simplement deux mots des responsabilités des agents de change, pour abus de disposition de
la couverture à eux confiée.

Pour se couvrir dans la mesure du possible des risques qu'ils encourent dans les marchés à terme comme
commissionnaires de leurs clients, les agents de change
ont l'habitude de se faire remettre par ceux-ci une couverture.

Cette couverture consiste dans le dépôt de valeurs
ou d'une somme jugées suffisantes, dépôt fait par le
client à son agent de change en vue des pertes qui peuvent être subies, des différences à régler au moment de
la liquidation.

La couverture n'est pas, selon nous, une partie du
paiement du prix des opérations faites à terme par l'intermédiaire de l'agent de change ; l'opinion contraire
est cependant très répandue. Si elle peut être soutenue
lorsqu'il s'agit d'achats, elle est complètement erronée
au cas de ventes à découvert. Il faut, semble t-il, la considérer comme un contrat *sui generis*, d'après lequel
moyennant un forfait (le montant de la couverture)
l'agent de change s'engage à conclure pour un client
telles ou telles opérations déterminées.

La couverture est un simple dépôt sur lequel en principe, et d'après l'intention même des parties, les agents
de change ont un droit de disposition bien certain.

Néanmoins, en abusant de ce droit, ils pourraient encourir des responsabilités envers leurs clients, s'ils faisaient par exemple usage de cette couverture avant
l'échéance du terme. Si le client avait fait valoir avec
succès l'exception de jeu devant les tribunaux, l'agent
de change ne pourrait retenir la couverture à lui confiée.

Des stipulations particulières peuvent enfin modifier
ce contrat.

SECTION II

La responsabilité des agents de change peut être engagée envers les tiers par application de l'art. 1382 du C. civ. : « Tout fait quelconque de l'homme, qui cause à autrui un dommage, oblige celui par la faute duquel il est arrivé, à le réparer ».

Nous examinerons les cas les plus fréquents où ce dommage peut exister et les responsabilités que les agents de change peuvent encourir.

CHAPITRE PREMIER

RESPONSABILITÉS DES AGENTS DE CHANGE ENVERS LEURS CONFRÈRES

Dans la négociation des valeurs en bourse, la responsabilité des agents de change peut être engagée non seulement envers leurs clients, acheteurs ou vendeurs, mais elle peut l'être aussi envers leurs confrères commissionnaires de l'autre partie.

L'art. 13 de la loi du 27 prairial an X était ainsi conçu : « Chaque agent de change devant avoir reçu de ses clients les effets qu'il vend ou les sommes nécessaires pour payer ceux qu'il achète est responsable de la livraison et du paiement de ce qu'il aura vendu et acheté : son cautionnement sera affecté à cette garantie... »

Cet article a été ainsi modifié par l'art. 4 de la loi du 28 mars 1885 sur les marchés à terme : « Chaque agent de change est responsable de la livraison et du paiement de ce qu'il aura vendu et acheté. Son cautionnement sera affecté à cette garantie ».

Les règlements de la chambre syndicale (30 janv. 1899) déterminent les opérations des liquidations mensuelles et des liquidations de quinzaine.

La responsabilité de l'agent acheteur vis-à-vis de son confrère pour le paiement du prix a pour contre-partie celle de l'agent vendeur pour la livraison des titres (titres frappés d'opposition, non négociables comme ne remplissant pas les conditions exigées par la loi, etc., etc.).

Dans son règlement de 1898, la chambre syndicale des agents de change de Paris avait pris des dispositions d'après lesquelles le règlement des opérations sur titres au porteur devait être effectué avant la cinquième bourse qui suivait celle de la négociation ; mais le 30 janvier 1899, ce délai fut étendu à la dixième bourse ; l'obligation pour l'agent de change non réglé d'exécuter son confrère en retard fut remplacée par la faculté de recourir à la procédure d'exécution fixée par les règlements de la Compagnie.

Pour les titres nominatifs, le transfert doit en être déposé, au plus tard, le surlendemain du jour de la remise des noms et acceptations et les titres doivent être livrés à l'agent acheteur le lendemain de la consommation du transfert.

Si des différends venaient à s'élever entre les agents de change sur des questions purement professionnelles, la chambre syndicale s'est réservé le droit d'en connaître (art. 20 de l'ancien règlement des agents de change de Paris). En toutes autres occasions, la chambre syndicale doit être choisie comme arbitre entre les deux parties.

Mais l'art. 21 § 2 du décret du 7 octobre 1890 indique bien que la comparution devant la chambre syndicale n'est alors qu'un simple préliminaire de conciliation. Elle peut émettre son avis s'il y a lieu. Si le litige ne peut pas se terminer au moyen de cette intervention, l'action est portée devant le tribunal de commerce dont la décision est elle-même susceptible d'appel, conformément aux règles du droit commun.

CHAPITRE II

RESPONSABILITÉS DES AGENTS DE CHANGE POUR AVOIR VENDU DES TITRES FRAPPÉS D'OPPOSITION (Loi du 15 juin 1872).

La loi de 1872 a cherché, et le rapport présenté à l'assemblée nationale par M. Grivart est très explicite sur ce point, à préciser la responsabilité des agents de change et à la tirer du vague et des incertitudes dans lesquels l'avaient maintenue les nombreuses décisions judiciaires intervenues en cette matière.

Le but poursuivi par la loi a pleinement été atteint;

Tandonnet   13

la responsabilité de l'agent de change nettement délimitée.

Comme l'a dit le rapporteur de la loi de 1872 : « Il
est un cas, bien rare sans doute, où la responsabilité de
l'agent de change, malgré les précautions prises par la
loi pour la délimiter, semble échapper aux exigences de
la loi de 1872, mais ce cas tombera sous les rigueurs
du droit commun. C'est celui où l'agent de change connaissait les vices du titre négocié, étant de connivence
avec le vendeur ; il sera passible alors d'une action en
responsabilité que la loi fait justement découler de tous
les actes à la fois dommageables et illicites. L'art. 12
de la loi de 1872 al. 2 le laisse d'ailleurs à entendre ».

Nous ne pouvons étudier dans ses détails la loi du
15 juin 1872. Les art. 10, 11 et 12 sont surtout intéres-
sants en ce qu'ils visent les responsabilités pouvant être
encourues par les agents de change. L'art. 10 assimile
les agents de change à l'établissement débiteur des
titres volés et leur enjoint de retenir par devers eux les
titres frappés d'opposition. L'art. 11 détermine la manière dont l'opposition doit être faite. L'art. 12 détermine dans quels cas la responsabilité de l'agent de
change vendeur peut être engagée envers le propriétaire opposant.

L'art. 13 impose aux agents de change l'obligation
d'inscrire sur leurs livres les numéros des titres achetés
ou vendus.

La loi de 1872 est remarquable par la précision de
détails qu'elle apporte dans cette procédure longue et
minutieuse qui va de la notification première du vol à

l'établissement débiteur à la remise du titre en dupli-
cata à l'opposant. On peut peut-être lui reprocher la lon-
gueur des délais ; en cela elle a cherché à respecter tous
les droits : ceux du tiers porteur comme ceux de l'opposant, propriétaire probable mais non certain des titres
frappés d'opposition (¹).

Au cas où un titre mentionné dans une opposition et
porté au bulletin par la chambre syndicale a cependant
été négocié, la loi de 1872 ne se borne pas à déclarer
cette négociation non avenue vis-à-vis du propriétaire
opposant, qui n'a qu'à revendiquer son titre au tiers
porteur, sauf à celui-ci à contester l'opposition faite
irrégulièrement ou sans droit. Elle accorde au tiers porteur un double recours : un recours contre le vendeur

(¹) L'art. 11 de la loi du 15 juin 1872 est ainsi conçu : « L'opposant qui
voudra prévenir la négociation ou la transmission des titres dont il a été
dépossédé devra notifier, par exploit d'huissier, au syndicat des agents de
change de Paris, une opposition renfermant les énonciations prescrites par
l'art. 2 de la présente loi ; l'exploit contiendra réquisition de faire publier
les numéros des titres. Cette publication sera faite un jour franc au plus
tard par les soins et sous la responsabilité du syndicat des agents de
change de Paris dans un bulletin quotidien établi et publié dans les formes
et sous les conditions déterminées par un règlement d'administration
publique... »

L'art. 12 porte : « Toute négociation ou transmission postérieure au
jour où le bulletin est parvenu ou aurait pu parvenir par la voie de la
poste dans le lieu où elle a été faite sera sans effet vis-à-vis de l'opposant,
sauf le recours du tiers porteur contre son vendeur et contre l'agent de
change par l'intermédiaire duquel la négociation aura eu lieu. Le tiers
porteur pourra également, au cas prévu par le précédent article, contester
l'opposition faite irrégulièrement ou sans droit. — Sauf le cas où la mauvaise foi serait démontrée, les agents de change ne seront responsables des
négociations faites par leur entremise, qu'autant que les oppositions leur
auront été signifiées personnellement ou qu'elles auront été publiées dans
le bulletin par les soins du syndicat ».

du titre, un recours contre l'agent de change par l'intermédiaire duquel la négociation a eu lieu.

Bien que dans toute négociation de valeurs de bourse
figurent toujours comme intermédiaires deux agents de
change, celui qui vend et celui qui achète, il est bien
évident que c'est uniquement de l'agent de change vendeur qu'a voulu parler la loi de 1872. Lui seul, en effet,
a pu vérifier à l'aide des titres, s'ils étaient ou non portés sur le bulletin des oppositions, lui seul est en faute
si la vente a été opérée malgré l'inscription au bulletin.

L'action donnée au tiers porteur contre l'agent de
change découle de la nature même des choses ; le vendeur et l'acheteur sont en effet complètement étrangers l'un à l'autre ; entre eux se trouve l'agent de change
agissant en son nom, comme un véritable commissionnaire au sens de l'art. 34 du code de commerce.

Ce qui est nouveau dans les dispositions de la loi de
1872, c'est le recours accordé aux tiers porteurs contre
le vendeur des titres.

Etant donné le système d'oppositions organisé par
cette loi, on a vu une faute du vendeur, lorsque avant
de faire procéder à une opération de bourse il a négligé
de s'assurer que l'opération pouvait être régulièrement
exécutée.

Suivant les circonstances de fait, l'agent de change
vendeur pourrait donc avoir un recours contre son
client.

L'art. 48 du décret de 1890 a cherché à préciser les
obligations de l'agent de change au cas où il a livré un
titre irrégulier, amorti, frappé d'opposition.

Il est ainsi conçu : « L'agent de change qui aurait livré un titre irrégulier, amorti, frappé d'opposition entre ses mains ou figurant au *Bulletin officiel* des oppositions, est tenu, indépendamment de tous dommages et intérêts, s'il y a lieu, de délivrer un autre titre dans les trois jours au plus tard à partir de la réclamation ».

Avant le décret de 1890, l'agent de change vendeur avait intérêt à laisser introduire contre lui cette action judiciaire afin de pouvoir judiciairement aussi, assurer son recours contre le vendeur, c'est-à-dire contre celui pour lequel il avait vendu le titre frappé d'opposition, au cas où ce dernier se refuserait à l'indemniser de la somme nécessaire pour le remplacement du titre par une valeur non sujette à revendication.

Cette façon de procéder n'est plus permise ; avant tout l'acheteur a droit à un titre régulier, l'agent de change en faute, doit le lui livrer dans un court délai de trois jours, indépendamment, dit l'article, de tous dommages et intérêts s'il y a lieu.

La loi de 1872, est-elle applicable au cas de négociations de valeurs étrangères en France comme de valeurs françaises ? L'affirmative a été prononcée par la chambre des requêtes le 13 février 1884.

Il nous faut donc dire avec M. Buchère (¹) « que les oppositions signifiées par les propriétaires dépossédés, à l'effet d'empêcher la négociation des valeurs étrangères au porteur, conserveraient leurs effets en France,

(¹) Buchère, *Traité des valeurs mobilières*, p. 506.

en ce sens du moins que les agents de change qui serviraient d'intermédiaires à la négociation de ces valeurs nonobstant l'inscription des oppositions au Bulletin, engageraient leur responsabilité personnelle ».

Ce point nettement déterminé, on peut dire que la responsabilité de l'agent de change serait également engagée s'il prêtait son ministère à la revente de titres inscrits au *Bulletin officiel* des oppositions, mais achetés à l'étranger, dans des bourses où n'existe aucune réglementation de la nature de celle organisée en France pour la protection des propriétaires victimes de perte ou de vol. Celui qui aurait acheté ces titres dans des bourses étrangères ne pourrait arguer de sa bonne foi et de la régularité de la négociation par laquelle il a acquis ces titres irréguliers. Décider autrement serait réduire à néant tous les effets recherchés par la loi de 1872, permettre à la fraude et au vol d'en violer ouvertement l'application.

La jurisprudence est néanmoins assez hésitante.

Ajoutons qu'il faut s'en tenir aux dispositions de la loi de 1872. L'art. 16 de cette loi les déclare inapplicables aux billets de même nature émis par des établissements autorisés, aux rentes et aux titres au porteur émis par l'Etat.

Les droits des propriétaires de titres perdus ou volés reçoivent donc une protection spéciale avec la loi de 1872. Il faut espérer qu'une entente internationale se fera sur ce point entre les principaux gouvernements d'Europe.

CHAPITRE III

La responsabilité des agents de change peut encore être engagée envers les tiers, lorsqu'ils prêtent leur ministère à des négociations prohibées par la loi. Nous voulons parler des prescriptions de la loi de 1867 sur les sociétés, modifiées et complétées par celles de la loi du 1er août 1893, pour ce qui est des conditions auxquelles est soumise la négociation des actions de ces sociétés.

La loi du 1er août 1893 a modifié comme suit les paragraphes 1 et 2 de la loi du 24 juillet 1867.

« § 1. Les sociétés en commandite ne peuvent diviser leur capital en actions ou coupures d'actions de moins de 25 fr. lorsque le capital n'excède pas 200.000 fr., de moins de 100 fr. lorsque le capital est supérieur à 200.000 fr.

§ 2. Elles ne peuvent être définitivement constituées qu'après la souscription de la totalité du capital et le versement en espèces par chaque actionnaire du montant des actions ou coupures d'actions souscrites par lui lorsqu'elles n'excèdent pas 25 fr. et du quart au moins des actions lorsqu'elles sont de 100 fr. et au-dessus ».

Le § 3 non modifié de la loi du 24 juillet 1887 porte : « Cette souscription et ces versements sont constatés par une déclaration du gérant dans un acte notarié. A cette déclaration sont annexés la liste des souscripteurs, l'état des versements effectués, l'un des doubles de l'acte de société s'il est sous seing privé, et une expédition s'il est notarié et a été passé devant un notaire autre que celui qui a reçu la déclaration ».

L'art. 2 porte : « Les actions ou coupons d'actions sont négociables après le versement du quart ».

L'art. 3 de la loi de 1867 a été modifié comme suit par la loi du 1er août 1893 : « Les actions sont nominatives jusqu'à leur entière libération. Les actions représentant des apports devront toujours être intégralement libérées au moment de la constitution de la société. Ces actions ne peuvent être détachées de la souche et ne sont négociables que deux ans après la constitution définitive de la société. Pendant ce temps, elles devront, à la diligence des administrateurs, être frappées d'un timbre indiquant leur nature et la date de cette constitution ».

Et l'art. 14 de la loi de 1867 le déclare formellement : « La négociation d'actions ou de coupons d'actions dont la valeur ou la forme serait contraire aux dispositions des art. 1, 2 et 3 de la présente loi ou pour lesquels le versement du quart n'aura pas été effectué conformément à l'art. 2 ci-dessus, est punie d'une amende de 500 à 10.000 francs.

» *Sont punies de la même peine toute participation à ces négociations* et toute publication de la valeur des dites actions ».

Ainsi donc il est bien certain que les agents de change engageraient leur responsabilité en ne s'assurant pas de l'observation des dispositions des lois de 1867 et de 1893,

en procédant à des négociations illicites et frappées de
nullité : actions de moins de 25 fr. si le capital social
n'excède pas 200.000 fr., de moins de 100 fr. s'il est
supérieur à cette somme, actions sur lesquelles le versement du quart n'a pas été effectué, actions de sociétés
dont la totalité du capital n'a pas été souscrit, actions
au porteur non entièrement libérées, actions représentant des apports et ne pouvant être détachées de la
souche et négociées que deux ans après la constitution définitive de la société, etc.

Dans tous ces cas, les tiers lésés pourraient exiger le
remboursement des avances faites par eux, et tels dommages et intérêts que de droit.

Mais comme l'a déclaré la cour de cassation, l'art. 14
de la loi de 1867 entend seulement défendre et punir la
négociation des titres révélant par eux-mêmes les causes qui peuvent empêcher de les négocier.

Sinon, semble-t-il, l'agent de change n'est point en
faute; aux yeux de tous, la société a été constituée régulièrement, ses titres circulent sur le marché, il est
impossible d'apercevoir le vice caché qui amènera bientôt la nullité des milliers de négociations dont ils sont
l'objet. On peut se faire une idée des troubles profonds
pouvant naître de la théorie contraire.

Comme les juristes sont des juristes, à l'origine la
validité de semblables négociations fut très discutée.

La question est aujourd'hui résolue par un arrêt de
la cour de cassation du 3 juin 1885, intervenu au sujet
de la négociation des actions de la Société anonyme
dite Banque de Lyon et Loire. MM. Crépon, dans son

ouvrage *De la négociation des effets publics et autres*
et Dalloz, *Répertoire*, v° *Agent de change*, n. 439, citent
tout au long cet arrêt.

Le principe de la validité de ces négociations étant
admis, il en résulte nécessairement que la responsabilité des intermédiaires ayant effectué ces négociations
ne saurait être engagée. Elle le serait, si on pouvait
établir contre eux l'absence de bonne foi, c'est-à-dire
la connaissance du vice au moment où ils participaient
à la négociation. C'est ce qui résulte très nettement
d'un arrêt rendu par la cour de cassation, le 16 juin 1885.

Admettons la responsabilité de l'agent de change
engagée, voyons quelle peut être l'étendue de cette
responsabilité. Il est bien certain d'abord que si l'opération avait été réglée, les acheteurs de bonne foi
seraient fondés à exercer un recours contre les agents
pour leur avoir ainsi livré des titres absolument sans
valeur. Il y aurait là un ensemble de circonstances,
livrées à l'appréciation du juge chargé de proportion-
ner la réparation de la faute au préjudice éprouvé.

Les auteurs sont en désaccord sur un point, c'est
celui de savoir si la loi du 24 juillet 1867 est également
applicable aux valeurs étrangères comme aux valeurs
françaises.

D'un côté MM. Alauzet [1], Paul Pont [2], Lescœur [3],
déclarent que si les sociétés étrangères, pour pouvoir
négocier leurs titres sur le marché français, ne sont pas

[1] Alauzet, I, p. 732-739.
[2] Paul Pont, *Sociétés civiles et commerciales*, II, p. 747, n. 1884.
[3] Lescœur, *Sociétés commerciales*, p. 117, n. 65.

tenues de se conformer à toutes les dispositions de la
loi du 24 juillet 1867, il est certaines dispositions d'ordre public auxquelles elles ne peuvent échapper, parmi
celles-ci les dispositions relatives à la forme et à la
négociabilité des actions.

Et, disent-ils, la preuve en est dans les peines correctionnelles dont les infractions à ces dispositions sont
frappées.

L'opinion contraire est soutenue par de savants auteurs parmi lesquels on peut citer MM. Dalloz et Crépon.

M. Lyon-Caen partage également cet avis et s'exprime
ainsi : « Les actions de toutes les sociétés étrangères
sont négociables en France sans aucune condition.
Quelle loi appliquerait-on, en effet ? Ce n'est pas la loi
du 24 juillet 1867 qui n'est faite que pour les sociétés
françaises. Ce n'est pas non plus le décret du 6 février
1880 qui n'a trait qu'à l'admission à la cote officielle ».

Il en résulterait que les actions d'une société étrangère, même non autorisée à agir en France, pourraient y
être négociées, et cela quand bien même elles ne seraient
pas libérées du quart. C'est d'ailleurs le système consacré par la cour de cassation dans son arrêt du 16 juin
1885.

CHAPITRE IV

RESPONSABILITÉS DES AGENTS DE CHANGE EN MATIÈRE DE TRANSFERTS

Dans la première partie de cette étude, nous avons
vu quelles étaient les attributions des agents de change
en matière de transferts, il nous reste à examiner dans

quels cas ces officiers publics pourront encourir sur ce point des responsabilités.

Distinguons d'abord nettement les obligations et les responsabilités des agents de change en ce qui concerne les transferts de rentes sur l'Etat, des obligations et des responsabilités au cas de transferts des actions de la Banque de France et des actions et obligations des compagnies industrielles et financières.

Transfert des rentes sur l'Etat.

L'arrêté du 27 prairial de l'an X (¹) (art. 15 et 16) a eu pour objet d'exonérer le Trésor public en matière de transferts d'une responsabilité qu'il entend faire peser entièrement sur l'agent de change certificateur.

La responsabilité de l'agent de change sur ce point est absolue, elle existe par le seul fait de sa certification (art. 16 de l'arrêté de prairial) (²).

Cette responsabilité, l'agent de change ne l'encourt pas seulement envers le Trésor public, mais encore envers le propriétaire dépossédé par sa fausse certifica-

---

(¹) Les art. 15 et 16 de l'arrêté du 27 prairial an X sont ainsi conçus :

Art. 15 : « A compter de la publication du présent arrêté, les transferts d'inscriptions sur le Grand Livre de la dette publique seront faits au Trésor public en présence d'un agent de change de la Bourse de Paris qui certifiera l'identité du propriétaire, la vérité de sa signature et des pièces produites ».

Art. 16 : « Cet agent sera par le seul fait de sa certification responsable de la validité des dits transferts en ce qui concerne l'identité du propriétaire, la vérité de sa signature et des pièces produites ; cette garantie ne pourra avoir lieu que pendant cinq années à partir de la déclaration du transfert ».

(²) Cass., 11 juill. 1876, D., 77. 1. 25.

tion. Si l'agent de change a certifié sans vérification des signatures fausses, apposées sur les pièces destinées à opérer la conversion des titres nominatifs en titres au porteur, il sera condamné à fournir des titres nominatifs de même espèce que ceux qui ont été détournés, ou à en rembourser la valeur au propriétaire dépossédé.

La cour de cassation a déclaré encore l'agent de change responsable de l'effectivité du transfert [1]; de ce principe, les tribunaux doivent déduire les conséquences.

L'arrêté de prairial limitant l'effet de la certification quant à la responsabilité de l'agent de change, à l'identité du propriétaire, à la vérité de sa signature et des pièces produites, cette responsabilité ne saurait être étendue à la qualité, à la capacité de la personne faisant opérer le transfert d'une inscription de rente, si les pièces ne faisaient pas mention de l'incapacité du vendeur.

Mais au moins pour les transferts de rentes sur l'Etat la responsabilité de l'agent de change peut être étendue à la vérité de la procuration délivrée par un notaire, même si cette procuration est en la forme authentique [2]. Les conséquences de ce principe peuvent être très rigoureuses, même injustes, pour l'agent de change. Nous posons des principes et ne pouvons les discuter, cela sortirait du cadre de cette étude.

[1] Cass., 31 janv. 1887. Affaire Paquet.
[2] Cass., 11 juill. 1876.

Transferts des valeurs autres que les rentes sur l'Etat.

Actions de la Banque de France. — Le décret du
16 janvier 1808, relatif à la transmission de ces actions
déclare qu'elles sont valablement transférées par la
déclaration du propriétaire ou de son fondé de pouvoirs
signée sur les registres et certifiée par un agent de
change, mais sans reproduire quant aux effets de cette
certification, au regard de l'agent de change, les termes
énergiques de l'arrêté de prairial (1).

Actions et obligations diverses. — Pour les transferts
des actions et obligations des sociétés industrielles,
financières ou autres, la responsabilité de l'agent de
change restera soumise aux règles du droit commun. Il
faut établir contre lui une faute personnelle, une négligence grave. Il ne suffirait pas de démontrer que le
propriétaire certifié n'était pas le véritable propriétaire
ou encore la fausseté de la signature et des pièces produites.

Sa responsabilité est, on le voit, moins rigoureuse.

CHAPITRE V

DE QUELQUES CAS DE RESPONSABILITÉS ENVERS LES TIERS

Si, d'après l'arrêté de prairial, au cas de transferts
de rentes sur l'Etat, l'agent de change n'est pas responsable envers les tiers de la capacité des transfé-
rants, sa responsabilité serait bien certaine si les titres

(1) Cass., 10 déc. 1878. — Guyon, D., 79. 1. 288.

nominatifs à aliéner portaient la mention de cette incapacité partielle ou totale.

Peu importe qu'il s'agisse de rentes sur l'Etat ou
d'autres valeurs.

La responsabilité de l'agent de change sur ce point
est la même ; elle découle de l'art. 1382.

Nous avons déjà examiné plus haut la responsabilité
de l'agent de change au cas d'aliénations de valeurs
dotales et de remplois. Nous n'y reviendrons pas.

I. *De la négociation de titres mis sous séquestre, de titres
d'absents, non-présents, contumax.*

L'agent de change sollicité par un séquestre d'aliéner
des valeurs mises sous séquestre, devra exiger de celui-
ci la production d'une autorisation de justice permettant l'aliénation. Chaque fois qu'il s'agit de biens mis
sous séquestre (art. 1961 C. civ.), l'agent de change
devra apporter la plus grande vigilance.

Les lois des 18 avril 1818 et 28 juillet 1875 ont fait
de la caisse des dépôts et consignations un véritable
séquestre.

Si les titres présentés à l'agent de change pour être
aliénés appartiennent à des absents, des non-présents
ou des contumax, l'agent de change devra prendre
toutes les précautions nécessaires pour ne point engager sa responsabilité.

L'envoi définitif seul consolide le titre des envoyés
en possession, en ce sens que tout au moins dans leurs
rapports avec les tiers, les héritiers de l'absent,

envoyés en possession définitive, sont considérés comme propriétaires de ses biens.

En ce qui concerne les biens du contumax, l'administration des domaines, séquestre légal du contumax, ne peut pas disposer des biens qu'elle a mission d'administrer, sans l'autorisation du Tribunal civil, comme l'envoyé en possession provisoire des biens de l'absent.

II. *Responsabilités des agents de change au cas d'aliénation de titres appartenant à des personnes morales ou civiles.*

Si le particulier capable a la libre disposition de ses biens, il n'en est pas de même pour l'Etat, les communes, les hospices, en général pour tous les établissements publics ou religieux, enfin pour ceux reconnus d'utilité publique. Les biens de ces collectivités sont seulement aliénables dans les formes et suivant les règles spéciales déterminées par le droit civil et le droit administratif.

En ce qui regarde l'aliénation des titres appartenant à des personnes morales et civiles : groupes d'individus réunis dans un but commun pour une œuvre collective et d'intérêt public, existant en vertu de la reconnaissance expresse de la loi, il faut faire des distinctions nombreuses·

L'agent de change doit d'abord se rendre compte, si les titres à lui présentés appartiennent à une société ayant une existence légale ou au contraire à une société ayant une simple existence de fait. Dans ce dernier cas, ces établissements n'ayant aucune existence légale ne peuvent, en principe, ni acquérir, ni aliéner.

Si la société a une existence légale l'agent de change ne doit attacher aucune importance aux titres de président, secrétaire, trésorier ou autres n'impliquant nullement par eux-mêmes le droit de disposer de ses biens ou d'ester en justice.

Dans les sociétés administrées soit par un conseil, soit par un directeur ou un administrateur délégué et dont les intéressés se réunissent en assemblée générale, l'agent de change devra exiger une délibération spéciale de cette assemblée, si les pouvoirs donnés statutairement aux représentants de la société ne contiennent pas ceux d'aliéner ou de transférer les valeurs.

Si les titres à lui présentés appartiennent à des établissements publics et d'utilité publique, des départetements, villes, communes, hospices et hôpitaux, bureaux de bienfaisance, lycées, sociétés de bienfaisance ou de secours mutuels, etc., l'agent de change devra, pour mettre sa responsabilité à couvert, exiger les ampliations des lois ou décrets qui en ont autorisé l'aliénation ainsi que les délibérations des conseils ou commissions administratives permettant d'aliéner et désignant au besoin les personnes ayant qualité pour signer les transferts, recevoir les fonds et donner quittance. En thèse générale, l'agent de change ne doit pas l'oublier pour l'aliénation des biens de tous les établissements ayant un caractère public, l'avis du préfet ne suffit pas, un décret est nécessaire.

Quant à l'aliénation des biens des établissements religieux elle ne peut avoir lieu qu'en vertu d'un décret du chef de l'Etat, conformément à la loi du 2 janvier 1817 et de divers décrets ou ordonnances.

Les sociétés commerciales anonymes, en commandite ou en nom collectif, ont une personnalité morale indépendante de celle des associés. Il n'en est pas de même pour les associations en participation, pour les sociétés civiles non établies sous une forme commerciale ; la question est cependant discutée.

La jurisprudence est pour la négative.

L'agent de change pourrait voir sa responsabilité engagée, s'il aliénait un titre inscrit au nom d'une raison sociale ou d'une société n'ayant même pas de raison sociale, sur la simple demande d'un associé, sans exiger de lui la production de l'acte de société constatant qu'il a qualité pour le faire.

En un mot, le principe est toujours le même, c'est toujours à l'application possible ou non de l'art. 1382 qu'il faut se reporter pour savoir si la responsabilité de l'agent de change peut être engagée. Les tribunaux apprécieront les faits.

Au cas où l'entente frauduleuse de l'agent de change est démontrée, sa responsabilité n'est pas douteuse. Une simple négligence de sa part peut même entraîner pour lui une cause de responsabilité.

L'agent de change ne doit pas aussi l'oublier, certaines corporations reconnues par la loi dans un intérêt d'ordre public, telles par exemple que collèges, compagnies ou communautés d'officiers publics ou ministériels, peuvent être soumises à des règles spéciales relatives aux pouvoirs donnés à leurs administrateurs, telles que celles résultant pour les notaires de l'ordonnance du 4 janvier 1843 et pour les huissiers du décret du 14 juin 1813.

III. *Responsabilités des agents de change dans les négociations de titres appartenant à des étrangers.*

L'agent de change ayant des opérations à faire pour un étranger, des certifications et légalisations de signatures à donner pour l'aliénation de titres lui appartenant, ou dépendant de successions d'étrangers, devra prendre des précautions particulières. Il devra examiner d'abord la nationalité de cet étranger, la situation qui lui est faite suivant la circonstance et les lois qui le régissent.

L'agent de change devra souvent recourir à la justice, afin de dégager entièrement sa responsabilité. Il lui serait souvent difficile d'apprécier les droits de chacun dans des successions dévolues, concurremment à des héritiers français et à des héritiers étrangers, ou dans des successions ouvertes à l'étranger.

En matière de contrats de mariage, les mêmes difficultés peuvent se présenter.

Si le contrat d'une étrangère ou d'un étranger a été reçu en France, il sera peut-être difficile à l'agent de change de savoir quelle loi il faut appliquer.

M. G. Duvert, dans son « Traité du contentieux des transferts », prétend que la loi du domicile matrimonial semble devoir servir de préférence à celle du lieu où

l'acte a été passé ou du pays où le mariage a été célé-
bré.

Nous ne pouvons faire ici un traité de droit international privé. Nous dirons simplement, avec M. Duvert,
« qu'en principe, *le fond est régi par le statut personnel,*
la forme par la loi du lieu où l'acte a été dressé par
l'application du principe : *locus regit actum* ».

Il faut bien le reconnaître la responsabilité des
agents de change peut être, sur tous ces points, très
sérieusement engagée ; ils ne sauraient être trop pru-
dents dans ces négociations. Nous ne pensons pas que
l'agent de change puisse se contenter de certificats
émanant de deux ou trois jurisconsultes d'un pays étranger pour attester les droits des parties, s'ils ne sont pas
revêtus de l'approbation et de la légalisation du Consul
résidant à Paris.

L'agent de change ne devra pas se contenter de certificats conçus en termes trop généraux, ceux-ci devront
indiquer nettement que telle personne a qualité pour
aliéner, seule et librement, tel titre, sans formalités
judiciaires ou autres et pour recevoir le produit de la
vente sans que l'agent de change ait à se préoccuper
de l'emploi des fonds.

IV. *Responsabilités des agents de change dans les négociations
de titres appartenant à des faillis.*

D'une façon générale, la responsabilité des agents de
change serait engagée envers les créanciers du failli si,
postérieurement à une déclaration de faillite, ils avaient

vendu des valeurs pour le failli et lui avaient versé le montant de la négociation.

L'art. 486 du code de commerce exige dans ce cas le concours du syndic et l'autorisation du juge-commissaire. L'agent de change devra donc exécuter la vente de la façon déterminée par l'ordonnance du juge.

Le Tribunal civil de la Seine a rendu, le 8 juillet 1880, un jugement déclarant que le principe de l'insaisissabilité des rentes confirmé par la loi du 21 messidor an V, l'art. 4 de celle de nivôse an VI et l'art. 7 de l'arrêté du 22 floréal an VII, s'opposait à l'aliénation des titres inscrits au nom du failli sans le concours de celui-ci.

Cette théorie, d'ailleurs en opposition avec l'art. 443 du code de commerce, a été repoussée par un arrêt de la cour de cassation du 19 janvier 1886, lequel a reconnu que le principe de l'insaisissabilité des rentes sur l'Etat n'était pas applicable au cas de faillite.

Les mêmes observations doivent être présentées au cas de liquidation judiciaire. L'agent de change chargé d'une vente de valeurs ou d'un remboursement de titres amortis ne pourra faire la vente et verser les fonds que sur la quittance du débiteur liquidé et du liquidateur, ce dernier agissant en vertu d'une ordonnance du juge-commissaire.

CHAPITRE VI

RESPONSABILITÉS DES AGENTS DE CHANGE ENVERS LE FISC

Depuis la loi du 28 avril 1893 établissant un impôt sur les opérations de bourse, les agents de change sont devenus de véritables percepteurs d'impôts.

Ils doivent donc les percevoir sur leurs clients d'après le taux fixé par la loi ; ils sont responsables vis-à-vis du fisc de toute omission ou de toute irrégularité dans la perception.

Comme le déclarent les art. 32 et suivants de la loi du 28 avril 1893 : Toute inexactitude ou omission, soit au répertoire, soit à l'extrait, est punie d'une amende du vingtième des valeurs sur lesquelles a porté l'inexactitude ou l'omission, sans que cette amende puisse être inférieure à 3.000 francs en principal (3.750 francs, décimes compris).

Le défaut de représentation du répertoire à toute réquisition des agents de l'administration de l'enregistrement est puni d'une amende de 100 à 1.000 francs en principal (125 à 1.250 francs, décimes compris).

Toute autre infraction, tant aux dispositions de la loi du 28 avril 1893 qu'aux prescriptions du règlement d'administration publique rendu par son exécution, le 20 mai 1893, en conformité de l'art. 34, est punie d'une amende de 100 à 5.000 francs en principal (125 à 5.000 francs, décimes compris). Les contraventions peuvent être constatées par tous les agents ayant qualité pour verbaliser en matière de timbre.

D'après l'art. 33 de la loi du 28 avril 1893 : « L'action de l'administration pour le recouvrement des droits et amendes est prescrite par un délai de deux ans ».

Valeurs étrangères non abonnées.

L'art. 12 de la loi du 13 avril 1898 n'a apporté aucune modification aux prescriptions antérieures concernant spécialement la négociation de ces titres, en tant, bien entendu, qu'il n'y aurait pas véritable introduction sur le marché.

Les agents de change n'encourent donc aucune pénalité en continuant à négocier, comme par le passé, les titres des sociétés étrangères non abonnées, sous la seule condition de les faire préalablement timbrer dans les conditions indiquées par les art. 3 et 5 de la loi du 28 décembre 1895 et sous réserve des obligations imposées aux sociétés étrangères elles-mêmes par les lois des 23 juin 1857 et 29 juin 1872 (¹).

En même temps qu'il subordonnait la négociation de ces titres et leur exposition en vente en France au paiement préalable du droit de timbre, l'art. 2 de la loi du 30 mars 1872 ajoutait que les titres dont il s'agit ne pourraient, sans qu'il soit satisfait à la même prescription, être énoncés dans des actes de prêt, de dépôt, de nantissement.

L'agent de change, en ne se conformant pas à ces dispositions, pourrait être puni d'une amende de 50 fr. (art. 2 de la loi du 30 mars 1872).

CHAPITRE VII

RESPONSABILITÉS DES AGENTS DE CHANGE DU FAIT DE LEURS COMMIS

Il est enfin une responsabilité incombant aux agents de change; elle n'a rien de spécial à leurs fonctions.

_____

(¹) Les contraventions à ces dispositions sont punies d'une amende de 100 fr. à 5.000 fr. (art. 10 de la loi du 23 juin 1857 et 5 de la loi du 29 juin 1872).

Selon les règles du droit commun, ils sont responsables du fait de leurs commis (art. 1384 C. civ.). Peu importe qu'il s'agisse ou non d'une opération exigeant leur ministère.

Au cas de détournements par leurs commis, les agents de change seraient tenus de restituer les valeurs détournées, s'il était bien certain que les victimes de ces détournements avaient entendu traiter avec l'agent de change. Si le commis était mandataire direct et personnel du client, si c'est à ce commis et *intuitu personæ* que les titres où les fonds avaient été remis, l'agent de change ne pourrait être déclaré responsable.

SECTION III

CHAPITRE PREMIER

DU CAUTIONNEMENT

Dans les chapitres précédents, nous venons de voir combien étaient nombreux les cas où la responsabilité des agents de change pouvait être engagée, quelle prudence extrême ils devaient apporter à l'exécution des devoirs de leur ministère.

Il nous reste à examiner maintenant la façon dont pourraient s'exercer les recours intentés contre eux et principalement les garanties apportées par la loi pour donner à ces recours toute l'efficacité possible.

La responsabilité encourue par l'agent de change s'exercera, cela n'est pas douteux, sur tous ses biens, mais spécialement, et l'arrêté du 20 germinal an X, art. 12, le déclarait déjà, sur son cautionnement : « Le cautionnement des agents de change ou courtiers sera spécialement affecté à la garantie des condamnations qui pourraient être prononcées contre eux par suite de l'exercice de leurs fonctions ».

Dans les lois successives s'étant occupées de la situation des agents de change, nous trouvons des dispositions semblables, aussi bien dans la loi du 27 prairial an X, dans celle de nivôse an XIII, que dans les lois plus récentes, lesquelles ont seulement développé et réglementé cette garantie spéciale (Loi du 28 mars 1885, art. 4).

Le ministère de l'agent de change est obligatoire pour la négociation des valeurs portées à la cote officielle et pour certaines fonctions spéciales déterminées ; dans ces cas seulement, il peut y avoir fait de charge, c'est-à-dire faute entraînant une responsabilité garantie par privilège sur son cautionnement.

Tous les actes faits par l'agent de change en dehors de ses fonctions, ne peuvent déterminer que des créances ordinaires.

La cour de cassation, par un arrêt du 10 mai 1827, déclarait déjà « que le privilège sur le cautionnement et la charge n'est accordé qu'aux créances résultant d'actes pour lesquels le créancier était forcé par la loi d'employer le ministère de l'agent de change et qu'il n'est pas permis d'étendre le privilège à une autre opération financière résultant de tout autre acte de confiance volontaire du créancier dans l'agent de change ».

Créances résultant d'actes pour lesquels le créancier était forcé par la loi d'employer le ministère de l'agent de change, c'est bien là le critérium à l'aide duquel les tribunaux devront accorder ou refuser le privilège réclamé sur le cautionnement de l'agent de change.

Il s'applique d'abord et tout naturellement à tout ce qui concerne la livraison et le paiement des titres; ce sont là des conséquences nécessaires des opérations de ventes ou d'achats, opérations pour la validité desquelles l'intervention de l'agent de change est obligatoire.

Le privilège sur le cautionnement de l'agent de change n'existerait pas si les valeurs à acheter ou à vendre n'étaient pas inscrites à la cote officielle. Pourrait-on prétendre que son ministère était alors obligatoire ?

Les responsabilités encourues par les agents de change pour négociations de titres perdus ou volés frappés d'opposition régulière donneraient assurément un privilège sur leur cautionnement.

Au cas de détournements de valeurs confiées à l'agent de change ou remises dans ses bureaux pour être négociées, des distinctions s'imposent.

Si l'agent de change les a détournées frauduleusement, c'est, au premier chef, un fait de charge; la situation change singulièrement, s'il s'agit de détournement commis par un employé.

Ici, où est le fait de charge? Où est l'acte relatif aux fonctions d'agent de change fait par celui-ci ou omis ? Il a été négligent, n'a pas suffisamment surveillé le personnel de ses bureaux, chose qui n'a rien de spécial aux fonctions d'agent de change.

Les agents de change acceptent aussi souvent d'être dépositaires de titres dont ils touchent les coupons et distribuent le revenu à leurs clients. Ils peuvent être parfois dépositaires de sommes, en attendant d'en effectuer l'emploi. Il est à peine besoin de le dire, ces dépôts ainsi acceptés, ne rentrant pas dans les fonctions des agents de change, si ceux-ci abusent des titres ou des sommes laissés entre leurs mains, la réparation de leur faute ne sera pas garantie par un privilège sur le cautionnement.

Par exemple, il n'y a aucun motif de distinguer et de refuser le bénéfice de privilège à une créance, bien que provenant d'un fait de charge, par cela seul qu'elle appartient à un agent de change contre son confrère.

Ce privilège appartient aux agents de change les uns vis-à-vis des autres, comme aux simples commettants.

Mais il importe de ne pas oublier, pour l'application de ce principe, que les privilèges sont de droit étroit et ne peuvent être étendus hors des cas que la loi a prévus.

« Si donc un agent de change, déclare M. Buchère, en faisant une opération de son ministère a, par sa négligence ou son imprudence, porté préjudice à un tiers, la condamnation qu'il pourra encourir, comme responsable de ce préjudice, sera bien une conséquence de ses fonctions, mais ne devra pas être considérée comme un acte résultant nécessairement de leur exercice ».

Contrairement aux assertions de M. Mollot, et nous basant sur le dernier état de la jurisprudence, nous pensons que le privilège accordé pour fait de charge sur le cautionnement ne doit pas être étendu aux sommes provenant du prix de l'office.

Encore une fois, les privilèges sont de droit étroit.

CHAPITRE II

DE LA JURIDICTION COMPÉTENTE

En principe, les tribunaux de commerce compétents pour statuer sur toutes contestations entre commerçants (art. 631 C. co.) peuvent également être saisis de toute action intentée par un non-commerçant contre un commerçant, relativement à l'exécution d'un contrat commercial. Dans ce cas, le demandeur a le droit d'assigner à son choix le commerçant soit devant le tribunal consulaire, soit devant le tribunal civil. Ce principe autrefois contesté est aujourd'hui reconnu par une jurisprudence conforme à l'opinion de la plupart des auteurs [1]. Les agents de change étant commerçants peuvent dès lors être actionnés par leurs clients devant les tribunaux de commerce. Ce point n'a jamais soulevé de difficultés sérieuses.

CHAPITRE III

PRESCRIPTIONS

D'après l'art. 33 de la loi du 28 avril 1893, l'action de l'administration pour le recouvrement des droits et

[1] Cass., 10 nov. 1858 ; 22 fév. 1858, S. V., 59. 1. 61 et 321. — Cass., 26 juin 1867, D. P., 67. 1. 424. — Alauzet, IV, n. 2015 ; Magnin, I, p. 350.

amendes exigibles en vertu de la loi du 28 avril 1893 sur les opérations de bourse ou du décret dont elle est accompagnée se prescrit par un délai de deux ans.

S'il s'agit de l'action en responsabilité provenant de fautes commises par l'agent de change dans les transferts de rentes sur l'Etat, fautes résultant de la fausse certification de l'identité de la personne, de la signature ou des pièces produites, la prescription est de cinq années (art. 16 de l'arrêté du 27 prairial an X).

Le point de départ de cette prescription spéciale court à partir de la déclaration du transfert par l'agent de change.

Cette prescription court contre toute personne sans distinction, par conséquent contre les mineurs et les interdits aussi bien que contre les majeurs jouissant de leurs droits. Si l'agent de change ne justifiait d'aucune libération même entre les mains du faussaire, la prescription deviendrait trentenaire.

La prescription de cinq ans doit être strictement maintenue dans les limites et pour les cas en vue desquels elle a été écrite.

En dehors de ces cas, on rentre dans le droit commun relativement à la durée des actions en responsabilité pouvant être intentées contre les agents de change.

En un mot, l'action en responsabilité, action essentiellement personnelle, dure trente années à partir du fait lui ayant donné naissance.

C'est en définitive l'action du mandant contre le mandataire pour inexécution ou pour mauvaise exécu-

tion du mandat ; cette action de mandat est manifestement soumise aux règles du droit commun quant à ce
qui concerne la prescription, et aucune disposition
particulière n'autorise à créer en faveur des agents de
change une prescription plus courte que celle pouvant
être invoquée par les autres mandataires (¹).

(¹) Crépon, p. 290.

Vu : Le Président de la thèse :   Vu : *Le Doyen,*
   C. LEVILLAIN.   BAUDRY-LACANTINERIE.

Vu et permis d'imprimer :
Bordeaux, le 19 juillet 1900,
Le Recteur,
Gaston BIZOS.

Les visas exigés par les règlements ne sont donnés qu'au point de vue
de l'ordre public et des bonnes mœurs (Délibération de la Faculté du
12 août 1879).

BIBLIOGRAPHIE

BEAUMANOIR. — Coutumes de Beauvoisis, éd. Beugnot, 1842.

BEAUREGARD. — Eléments d'économie politique, 1889.

BÉDARRIDE. — Commentaire du Code de commerce. Des bourses de commerce, agents de change et courtiers, 1862.

BOUDON (Georges). — La bourse anglaise. Paris, 1890.

BOURQUELOT. — Etude sur les foires de Champagne, sur la nature, l'étendue et les règles du commerce qui s'y faisait au XIIIe et au XIVe siècles. Cf. Mémoire de l'Académie des Inscriptions et Belles Lettres.

BOZÉRIAN. — La bourse, 1859.

BROUSSOIS. — Du monopole des agents de change et de sa suppression. Thèse de Paris, 1898.

BUCHÈRE. — Traité théorique et pratique des valeurs mobilières et effets publics, 1881.

BUCHÈRE. — Traité des opérations de bourse, 1877.

CAUWÈS. — Précis d'économie politique, 1893.

Cote de la bourse et de la banque, *passim*.

COURCELLE-SENEUIL. — Traité d'économie politique, 1867.

COURTOIS (A.). — Traité élémentaire des opérations de bourse, 1867.

CRÉPON. — De la négociation des effets publics et autres, 1891.

DALLOZ. — Pandectes françaises.

DELAMOTTE (Gabriel). — Rapport présenté au Congrès des valeurs mobilières, juin 1900.

Dictionnaire du commerce et de l'industrie, par Yves Guyot et Raffalovich.

DUBREUIL-CHAMBARDEL (Max). — Du monopole des agents de change et de sa suppression. Thèse de Paris, 1898.

DULCEUX. — Des argentarii. Thèse de Paris, 1889.

DUVERT (G.). — Traité du contentieux des transferts, 1891.

FUZIER-HERMAN. — Répertoire du droit français.

GARNIER (J.). — Eléments d'économie politique, 1848.

HUVELIN. — Essai historique sur le droit des marchés et des foires. Thèse de Paris, 1897.

Isambert. — Recueil général des anciennes lois françaises, 1821-1833.

Journal des économistes, passim.

Journal officiel, Débats parlementaires de 1893 et de 1898.

Laurière (de). — Ordonnances des roys de la troisième race.

Léon (Eugène). — Etude sur la coulisse et ses opérations.

Leroy-Beaulieu (Paul). — Traité théorique et pratique d'économie politique, 1896. *L'Economiste français*, passim.

London Stock-Exchange Commission. — Minutes of evidence taken before the commissionners presented to the both Houses by command of Her Majesty, 1878.

Lévy (Raphaël). — Articles tirés de la Revue des Deux-Mondes, *passim*.

Lyon-Caen et Renault. — Traité de droit commercial, 1896.

Manchez. — Etude sur le marché financier de Paris. Communication faite au congrès des valeurs mobilières, juin 1900.

Mollot. — Bourses de commerce, agents de change et courtiers, 3e éd., 1853.

Organisation du marché libre a la Bourse de Paris (De l'). — Communication faite au Congrès des valeurs mobilières par MM. Oudin et Emmanuel Vidal, juin 1900.

Raffalovich (A.). — Des marchés financiers. Editions annuelles.

Ruben de Couder. — Dictionnaire de droit commercial, industriel et maritime, 1877.

Salzédo. — La coulisse et la jurisprudence. Etude sur le monopole des agents de change, 1882.

Say (Léon). — Dictionnaire d'économie politique, 1891.

Sayous (André). — Les bourses allemandes de valeurs et de commerce. Paris, 1898.

Thaller. — Traité élémentaire de droit commercial, 1896.

Vidal (Em.). — Le monopole des agents de change et le marché financier.

TABLE DES MATIÈRES

24.193. — Bordeaux, Y. Cadoret, impr., rue Poquelin-Molière, 17.

Y. CADORET
imprimeur
BORDEAUX

www.ingramcontent.com/pod-product-compliance
Lightning Source LLC
Chambersburg PA
CBHW071653200326
41519CB00012BA/2496